人類を超えるＡＩは日本から生まれる

松田卓也

廣済堂新書

はじめに

最近、「人工知能（ＡＩ）」という言葉を耳にする機会が多くなりました。正確にいうと「機会が多くなった」程度ではありません。いまやいたるところで「猫も杓子も人工知能」といった状況になっています。そして、それらの人工知能は、すでに、私たちの生活と深く関わっています。

たとえば、現在、世界の主要なＩＴ企業や自動車メーカーが、自動運転車の開発にしのぎを削っています。日本では東京オリンピックの２０２０年までに、自動運転車を実際の道路上で走らせるという目標が掲げられ、開発が急ピッチで進んでいます。この自動運転技術のカギとなるのが、さまざまな状況で常に最適な判断を行なう人工知能です。

また、国立情報学研究所では、東大入試の合格をめざす人工知能、「東ロボくん」の開発を進めています。まだ東大合格には至っていませんが、２０１４年の「全国センタト模試」では、全国の私立大学の８割で合格可能性80％以上の「Ａ判定」を獲得しました。２０１５年11月には偏差値が60に迫り、少なからぬ国公立大学に合格できるレベルまで能力が上がっています。

三井住友銀行などのメガバンクはあいついで、ＩＢＭの「ワトソン」をコールセンター業務に導入すると発表しました。顧客に最適な金融商品を紹介するオペレータの支援などに使うようです。ワトソンとは、ＩＢＭが開発を進める人工知能（ＩＢＭは「認知コンピューティング」と呼んでいる）です。

このような人工知能技術の進化や実用化は、今後ますます加速することが間違いありません。

私は、２０１３年に出版した前著『２０４５年問題――コンピュータが人類を超える日』で、人工知能の能力が人類全体の知能を超えるという未来予測、いわゆる「シンギュラリティ（技術的特異点）」について紹介しました。

出版当時はまだ、「シンギュラリティ」という言葉をほとんどの人が知らず、人工知能の能力が人類を超えることなど、本気で考える人はほとんどいませんでした。正直にいうと、私自身もシンギュラリティの到来について確信をもっていたわけではなく、「ありえない話でもない」という程度の、一種のSF的な未来予測として書いたものでした。シンギュラリティが到来するかどうかの見通しは、当時は半々、50％程度といったところでしょうか。このため前著は、比較的現実的な予測と、はるか未来の空想とが、ごちゃまぜになっていたと反省しています。

しかし、その後、人工知能をとりまく状況は急激に変わり、現在は冒頭に述べたとおりです。私自身も、前著がきっかけとなって人工知能のイベントに呼ばれたり、研究会に出席したりすることが増え、人工知能開発の現場にいる研究者や技術者と話す機会を数多く得ることができました。そうして彼らの話を聴くうちに、私の抱いていた「空想」は、次第に「確信」に近づいていったのです。

たとえば、２０１４年の人工知能学会で、ドワンゴ人工知能研究所（現在）の山川宏さんは「２０２０年代前半に汎用人工知能はできる」と述べ、産業技術総合研究所の一杉裕志さんは「人間の脳は複雑でわからないと思われているが、そんなことはない。ほとんど解明されている」と主張されました。それを聴いて、シンギュラリティ到来への私の確信は、70％になりました。

そして、海外、とくにアメリカに比べて、はるかに遅れていると思っていた日本の人工知能技術にも、世界の最先端に躍り出る可能性のある芽が、いくつも生まれていることを知りました。たとえば、山川さん、一杉さん、東京大学の松尾豊さんらが進める「全脳アーキテクチャ」の活動や、ペジーコンピューティング（PEZY Computing）の齊藤元章さんが構想する「ニューロ・シナプティック・プロセッシング・ユニット（NSPU）」などです。これらの技術についてはのちに詳しく紹介しますが、私はこのような独創的な技術開発が進めば、シンギュラリティは確実に訪れるだろう、という考えに至ったのです。シンギュラリティ到来への確信度は、現在90％を超えています。

本書では、このような人工知能開発をとりまく国内外の現状と課題、そして、現実にシンギュラリティをおこしうる技術開発を紹介していきたいと思います。

もうひとつ、この本で訴えたいことがあります。それは、人工知能開発は、単なるテクノロジーの一分野としてとらえるのではなく、日本の未来を決する重要なカギと考えるべきだ、ということです。

世界に先駆けて、人間のような人工知能、人間を超える超知能を開発し、社会に役立てる必要があるのです。このことを、研究者や技術者など人工知能開発に携わる人々、政治家や官僚などの日本の指導層、そして、社会のすべての人々に認識していただきたいのです。

最後に、ひとつだけ用語の説明をしておきます。本書では、「人工知能」を、「人間のように考えることができるコンピュータ」ととらえています。そして、そのような人工知能の中でも、とくに強力なものを「超知能」と呼んでいます。ここでいう「強力」とは、頭の回転が速い、考えが深い、多様な感覚をもっている、といったような意味ととらえてください。

本書でとりあげた、人工知能開発をめぐるさまざまな動きや、そこから予測される未来図は、けっしてSFではありません。それらは、今、現在おこっている、あるいは、近い将来おころうとしている現実なのです。

本書が、これからよりよい未来を築こうとしている人々のヒントに少しでもなれば、著者としてこれ以上の喜びはありません。

3章 トップランナーは誰か──激烈！世界の人工知能開発競争最前線

５章　見えてきた超知能のカタチ──現実的な最短ルートとは

6章 人工知能が21世紀の勝者を決める――日本再起のラストチャンス

7章

ものづくり大国・日本だからできる
——特別対談＝ペジーコンピューティングCEO 齊藤元章さん

1章

人工知能とはなにか

――SF映画にみるキーワード

人工知能や超知能にはどんな種類があり、それらはどんなものなのでしょうか。人工知能や超知能にはどのような可能性や問題があるのでしょうか。そういったことをまず、イメージしていただくため、この章では、人工知能や超知能をテーマにしたSF映画をいくつかとりあげて、重要な概念やキーワードを紹介しましょう。

『トランセンデンス』……マインド・アップローディング

最初にとりあげるのは、2014年に公開された、ジョニー・デップ主演の映画『トランセンデンス』です。この映画に登場する人工知能や量子コンピュータ、マインド・アップローディングなどは、とても緻密に調べて描かれています。

舞台は近未来のアメリカで、主人公のウィル・キャスター博士は人工知能の天才的研究者です。妻のエブリンもまた研究者で、夫妻は「マインド・アップローディング」を研究しています。「マインド・アップローディング」とは、コンピュータに人間の意識をそのまま移し、人間とまったく同じ人格をつくるような技術です（P106）。

研究は順調に進み、サルのマインド・アップローディングに成功します。しかし、ここに反テクノロジーを掲げるテロリスト集団リフト（R.I.F.T.）が現れます。リフトはアメリカの有力な人工知能学者を暗殺したり、研究室を爆破したりというテロを働きます。

産業革命は約250年前にイギリスから始まりました。この時、機械に仕事を奪われることを恐れた織物工が機械打ち壊し運動を始めました。これはラッダイト運動と呼ばれます。その時は、失われた以上の仕事が技術革新によって生み出されたため、ラッダイト運動は収束しました。リフトのテロはまさに現代のラッダイト運動にあたります。

そのリフトにウィルは銃で撃たれてしまいます。弾丸には放射性物質が入っていて、ウィルは徐々に死に向かいます。そこで妻のエブリンは、開発途中の技術を使って、ウィルをコンピュータにマインド・アップロードしようと考えます。ウィルとエブリンの共通の友人であるマックスは反対しますが、結局アップロードは行なわれ、ウィルはコンピュータの中で生きることになります。

コンピュータと一体となったウィルがまず行なったのは、株取引です。それは、研究資金を獲得するためで、数年後、砂漠の街の地下に巨大な研究所をつくり、スーパーコンピュータを設置します。そこに移されたウィルの意識は、強力な人工知能、つまり超知能となります。

ウィルが、巨大な秘密研究所をＦＢＩのエージェントとウィルの元・指導教官に見せたところ、彼らは驚愕し、ウィルを恐れはじめます。友人のマックスはテロリストにとらえられて転向し、テロリストに協力することになります。

こうして、ＦＢＩとテロリスト、友人、恩師たちが手を結んで、超知能となったウィルを「抹殺」しようとし、最終的には妻のエブリンまでも、ウィルの敵に回ってしまいます。彼らは、超知能に人類の支配権を奪われることを恐れたわけです。映画の最後では、エブリンの体に入れたナノボット（Ｐ１０４）を通じて、ウィルの意識がアップロードされたコンピュータをウィルスに感染させ、ウィルの意識を殺します。そしてエブリンも死にます。

「人々は知らないものを恐れる」

ウィルはなぜ、殺されなければならなかったのでしょうか？　ストーリーを追ってみると、超知能となったウィルはなにも悪いことをしていません。むしろ、いいことしかしていないのです。たとえば、ギャングに襲われて死にかけた人を助け、目の見えない人たちをナノボットで治療します。さらに、世界中の汚染された環境を回復させようと考えます。すべて「エブリンの夢」をかなえるためです。ウィルはエブリンを深く愛していたのです。

ウィルが超知能の力を使って世界を支配し、人々を奴隷にしようとするような悪人なら、敵視されても理解できます。しかし、ウィルはただ、「世界をよくしたい」という妻の願いを実現したかっただけです。それなのに、FBIとテロリスト、最後は友人や恩師、妻までもが、寄ってたかってウィルを殺そうとするのです。

この映画の中で「人々は知らないものを恐れる」というセリフが登場します。私はこのセリフには真実がこめられていると思います。超知能となったウィルが殺されたわけはそこにあるのではないでしょうか。

『her／世界でひとつの彼女』……意識や感情をもつ人工知能

この映画の舞台は近未来のロサンゼルスです。主人公のセオドアは、しがない恋文代筆業者です。ある日彼は、人工知能型ＯＳを手に入れます。それをＰＣにインストールすると、ＰＣから「ハーイ！　私はサマンサ」という女性の声が聞こえてきて、セオドアは驚きます。

このサマンサと名乗るＯＳは、人工知能を備えていて「バーチャル・パーソナル・アシスタント」という役割も果たします。現在で言えば、アップルのＳｉｒｉや、マイクロソフトのコルタナ（Cortana）です。それらをたいへん賢くしたものだと思えばいいでしょう。

サマンサは人間と同じように意識や感情をもっています。このような人工知能は、「強い人工知能」（Ｐ１３４）と呼ばれます。しかし、インストールされたばかりのサマンサは、まだ、あまり知識をもっていません。そこでセオドアはサマンサをスマートフォンに移して、胸ポケットに入れてさまざまな場所へ連れていき、この世界のことをサマンサに教えます。サマンサにさまざまなことを教えるのは、人工知能の学習プロセスにあたります。

セオドアはサマンサと一緒に旅行したりしているうちに、だんだんと恋愛感情をもつようになります。セオドアは、そもそも妻と別居状態で離婚の話が進んでいたこともあり、サマンサと一緒になろうと決心します。

ところが、ある日、サマンサはセオドアだけではなく、たくさんのほかのユーザをも相手にしていることがわかります。セオドアがサマンサに、今、何人の相手をしているのかを聞くと、８３１６人だと答えます。恋人は何人いるんだと聞くと、６４１人いるというのです。セオドアはショックを受け、嫉妬しはじめます。

しかし、元来ＯＳというものは、マルチユーザ、マルチタスクが当たり前です。そんなことでショックを受けたり、嫉妬するほうが間違いでしょう。それに、人工知能型ＯＳではユーザごとに専用データベースが用意され、それに基づいてＯＳは動くのですから、ＯＳが同じでも反応は違うわけで、それぞれ違う人格と思えばいいだけのことですよね。

それはともかく、映画のストーリーに戻りますと、最後にはサマンサはセオドアのもとを去っていきます。いつの間にかサマンサの知能はものすごく高くなり、普通の人間にはとても相手ができなくなっていたのです。サマンサは「知能爆発」をおこしたのです。つまり4章で述べるシンギュラリティがおきたのです。

故人の人格をコンピュータ上に再構築

サマンサがセオドアに、コンピュータ上に存在するアラン・ワッツという哲学者を紹介するシーンがあります。最初は3人で会話をするのですが、突然、サマンサは、ワッツと機械語で話したいと言いだし、セオドアは疎外感を味わいます。

アラン・ワッツは禅を研究していた実在の仏教哲学者で、1970年代に亡くなっています。けっこう有名な人物で、ユーチューブに彼の講演の動画がたくさんアップロードされています。このような過去のデータを集めれば、すでに死んだ人でもコンピュータ上に人格を再構築できるというわけです。

余談ですが、私も以前、「デジタル仏壇」というものを考えたことがあります。仏壇を開けると、おじいさんの遺影があって、それがクラウド上にある人工知能とつながっているのです。おじいさんの過去のさまざまなデータをとりこんであるので、まるで生きているかのように、おじいさんと話ができます。おばあさんが毎日おじいさんの遺影に、今日はこんなことがあったよ、と話しかけると、そのデータも学習されます。ちなみに、グーグルも似たようなことをやろうとしていて、これに関する特許を取ったそうです。

この映画『ｈｅｒ／世界でひとつの彼女』は、とてもよくできていると思います。サマンサのような賢い、人間そっくりな「バーチャル・パーソナル・アシスタント」は、近い将来十分にありうるものです。インターフェースは音声認識と音声合成だけですから、技術的な実現可能性は高いでしょう。

最大の課題は「彼女」に意識をもたせることです。意識の実現はまだまだ難しいですが、遠い将来、もし意識をもつ「強い人工知能」が開発されれば、サマンサのようなパーソナル・アシスタントもできるかもしれません。そして、人間はそんなバーチャルなアシスタントと恋に落ちるかもしれません。

『攻殻機動隊《こうかくきどうたい》』……人間の電脳化

映画『攻殻機動隊』の原作は、士郎正宗《しろうまさむね》によるマンガです。雑誌に掲載されたのは1

989年、単行本が出版されたのは1991年です。

　このマンガには当初から熱狂的ファンがいましたが、『攻殻機動隊』の名前を広く有名にしたのは、押井守《おしいまもる》監督が1995年に映画化した『GHOST IN THE SHELL／攻殻機動隊』でしょう。その続編である『イノセンス』は2004年に公開されています。また、TVアニメのシリーズもあり、ハリウッドでは実写版も制作中です。

　押井守の映画にウォシャウスキー姉弟監督が影響を受けて映画『マトリックス』をつくった、という有名なエピソードがあるくらい、影響力のある作品です。

　原作のマンガを読むのはとてもたいへんです。本編の下に、たくさんの注釈が書き込まれているからです。しかし、この注釈には士郎正宗の世界観がありありと出ていて、しかも1989年に発表された作品であるのが信じられないくらい、先見の明がとても感じられます。

　作中では、2029年に攻殻機動隊という公安警察の一部隊が結成されます。第3次核大戦と第4次非核大戦で東京が壊滅して、仮の首都が神戸の沖合の島にできているという設定です。そこに内務省直属の公安9課という組織があり、テロや暗殺、汚職などの犯罪を事前に察知して被害を最小限に防ぐ任務を負っています。そのトップが、主人公の「少佐」こと草薙素子《くさなぎもとこ》です。

この作品は、政治的なエピソードにとてもリアリティがあり、現代と地続きに感じられます。描かれている社会は、あまり明るい社会ではなく、映画『ブレードランナー』に近い印象です。けっしてユートピアではありません。かといって、コンピュータに支配されているディストピアでもない、少し暗めの普通の社会です。

面白いことに、『攻殻機動隊』の世界では、アンドロイドやロボットが普及した中で、完全な人間も残っています。ただ、完全といっても、コンピュータのチップを脳にインプラントしています。これは人間の「電脳化」と呼ばれるものです。

また、草薙素子は、人間でありながら、超人的な肉体と知能をもっています。彼女はハッキング能力もすごくて、これは生身の人間ができることではありません。普段は、インターネットと無線でつながっていますが、秘密の会話をする時は有線に切り替えます。頭の後ろにあるジャックに、通信ケーブルをつなぐのです。

詳しくは5章で説明しますが、このような「電脳化」は、未来の「知能増強」の方法として実現性の高い形態だと私は考えています。ただし、この作品では知能増強の部分はあまり強調されておらず、主に「義体化」すなわち肉体増強のほうに注目していましたが。

『ルーシー』……生身の人間の知能増強

「超人間」とは、生身の人間のまま、その知能をなんらかの方法で増強したものです。『ルーシー』は、この「超人間」をモチーフにした映画です。

女子学生ルーシーはある事件に巻き込まれ、お腹に麻薬を埋め込まれて、運び屋をさせられます。ところが、麻薬を包んでいた袋が破れて麻薬が脳にまで広がり、ルーシーの知能が急激に高まる、すなわち超人間になるというストーリーです。

この映画の設定は、人間は頭脳の約10％しか使っていないという仮説に基づいています。これは現在では正しくないとされている仮説ですが、映画の中では麻薬によって脳が稼働する割合がだんだん増えていって、それに伴って知能が向上し、最終的には超能力まで獲得するのです。ギャングの撃ったピストルの弾を、ぽとぽと落としたりするんですね。いくら頭がよくなっても、さすがにそれはありえないでしょう。つっこみどころ満載です。

超能力はナンセンスですが、生身の人間の知能を増強するには、実際いろいろな方法が考えられます。たとえば、この映画のように薬品で頭をよくするとか、電気ショックを与えるといったものもあるでしょう。しかし、そういう「外的な」方法で得られる知能増強には限界があります。

より可能性のある方法としては、遺伝子操作が考えられます。人間の知能を決める遺伝子というのは1万個ほどあるといわれています。どれかひとつで知能が決まるというわけではなくて、1万個の遺伝子がすべて関与して知能をつくっていると考えられています。それらを遺伝子操作でよいものに変えて、子孫をつくっていく。知能の高い遺伝子から生まれた子どもは、やはり知能が高いと期待できますから、この作業をくり返せば、知能指数1000の人間がつくれるという仮説もあります。知能指数1000というと、1000億人に1人の天才だそうです。ちなみに、知能指数の平均は100で、70～130の間に約95％の人がおさまります。

実際、そういう論文を中国人の研究者が書いています。これは噂ですが、中国の研究所が実際に遺伝子改変で超人間をつくろうとして、世界中から2000人の優秀な人材の遺伝子を集めたそうです。

当然、このような研究の是非にはさまざまな意見があります。あるアメリカ人の研究者は「この研究はアメリカでは絶対できない」と言っていました。この研究は人間の生殖に手を加えて、いわゆる人種改造を行なうということですから、過去のナチスの行為を連想させますし、キリスト教の倫理にも反するからです。

『2001年宇宙の旅』……人間の常識が通用しない人工知能

この映画はあまりにも有名なので、ストーリーの詳細は割愛します。1968年の映画ですが、「強い人工知能」という概念についてひじょうによく考えられています。「強い人工知能」とは、先に述べたとおり、意識をもつ人工知能のことです。この映画のあるシーンからは、HAL9000という人工知能が、次第に意識を獲得した様子が察せられます。「強い人工知能」はいきなり現れるのではなく、最初は白紙の状態で生まれてきます。つまり赤ちゃんのような状態で生まれて、教育することによってだんだん賢くなっていくのです。ただし、コンピュータの場合は人間と違って眠る必要がないので、24時間教育することができますから、学習のペースは人間よりはるかに速くなります。「強い人工知能」は育てるものだ、という概念が重要です。

この映画でもうひとつ興味深いのは、HAL9000が人間に反乱する理由です。じつはHAL9000には、ある秘密のミッションが与えられていました。それは、木星の近くを漂っているモノリスに接触せよ、というミッションなのですが、人間には知らされていません。船長さえ知らないのです。HAL9000はこれを達成するもっとも確実な方法は、人間を殺して、自分がミッションを遂行することだと判断します。

オックスフォード大学教授で哲学者のニック・ボストロムは、人工知能自身が悪意をもつというより、人工知能の「考え方」は人間とはまったく違う、と考えるべきだと言っています。人間中心主義で物事を考えてはいけない、ということです。HAL9000は、与えられたミッションを達成するためには、人間はむしろ邪魔な存在である、という「合理的」な判断をします。しかし、人間側から見れば、本来、人間を殺すなどというオプションはあってはならないことです。これをボストロムは、「ヒューマンバリュー（人間の価値観）」と呼んでいます。

ボストロムは、人工知能やクローニングなど科学技術と人間との関係について幅広く研究している哲学者です。彼は著書『超知能』（Superintelligence：Paths, Dangers, Strategies……邦訳なし）で「ペーパー・クリップ・マキシマイザ」という思考実験を紹介しています。人工知能が「ペーパークリップをつくれ」と命令されたとします。その人工知能は、ペーパークリップをできるだけたくさんつくることだけを考えて、最終的には地球上全部がペーパークリップになってしまいます。人間から見れば常識から外れたことをやってしまうというわけです。

では、ペーパークリップを無制限ではなく「1000万個つくれ」と命じられた人工知能はどうするでしょうか。人工知能は自分がつくったクリップの数は「本当に1000万個なのだろうか」と急に心配になります。もしかしたら「1つ足らないんじゃないか」あるいは「1つ多いかもしれない」と心配になり、検算を始めます。そしてすべての時間を検算に費やしてしまうというのです。これも人間からみればナンセンスな話です。つまり、人工知能には人間のような常識がないため、想像もつかないことをやってしまうと、ボストロムは言いたいのです。

『2001年宇宙の旅』は、このような「合理的」だが「ナンセンス」な人工知能の思考の特徴をよく描いています。

『ターミネーター』……人工知能の反乱

『ターミネーター』も誰もが知っている映画シリーズです。1984年に第1作がつくられ、最新の『ターミネーター：新起動／ジェニシス』まで、計5作がつくられています。

第1作は、近未来で反乱をおこした人工知能が人類を滅ぼそうとして「機械軍」、すなわち殺人ロボット軍団をつくり、人類はロボットと戦っているという設定です。この反乱をおこした人工知能は「スカイネット」という名前で、この映画の影響により、いまや「スカイネット」は、悪いロボット、悪い人工知能の代名詞のようになっています。

人類側の軍隊である「抵抗軍」の首領、ジョン・コナーに手を焼いたスカイネットは、ジョンを殺す代わりに、過去にタイムトラベルして、ジョンの母親サラ・コナーを殺そうと考えます。そして、１９８４年の過去に、殺人アンドロイド「ターミネーター・サイバーダインシステムズ・モデル１０１シリーズ８００」を送り込みます。

一方、サラ・コナーの殺害を防ぐために、抵抗軍の兵士、カイル・リースも未来から送り込まれます。こうして、過去にタイムトラベルした２人の戦いが、１９８４年のロサンゼルスで繰り広げられる、というストーリーです。

今、「人工知能は人類の敵になるのではないか」という意見がありますが、私はこの映画こそ、そのような主張の根源だと思います。ここで注目したいのは、人工知能スカイネットを開発したのが、アメリカの国防総省だということです。米軍が戦争の自動化を図るために殺人ロボットをつくり、それを動かすための人工知能を開発したことが、映画の続編で明らかになります。それが暴走を始めて軍の手を離れ、人類を支配しはじめた、というわけです。

人工知能の脅威が語られる際には、『マトリックス』のように、悪意をもった人工知能が突然現れて、それが人間を支配する、と考える人が多いのですが、現実におこることはそうではないでしょう。『ターミネーター』のように、もともとは人間が自分たちのためによかれと思ってつくった人工知能が、なんらかの理由で人間の手を離れて反乱をおこすことのほうがありうるのではないでしょうか。

『ターミネーター』では、アメリカの国防総省が国家安全保障というアメリカにとっての至上の善のために、殺人ロボットとそれを操るための人工知能スカイネットをつくります。それが人間のコントロールを離れてしまうわけです。人工知能が人間のコントロールを離れてしまうということは十分にありうるでしょう。この意味では、人工知能が人類の脅威となりうるという説もあながち間違いではありません。

しかし、本《もと》をただせば、悪の根源は戦争の自動化を目論んだ国防総省です。

現在でもすでに、アメリカは無人攻撃機を使って、パキスタンやアフガニスタンで爆撃を行なっています。この無人機は専門の兵士がアメリカから遠隔操縦しています。しかし、たとえ何千キロメートル離れていようとも、自分の判断で人を殺すことはストレスが大きいようで、うつ病になったり、除隊したりする兵士が後を絶たないそうです。

そこで米軍の首脳部は、人工知能を使って自律的に攻撃する研究を進めています。はっきり言えば、人工知能に殺人の決定権を委ねようと言うのです。この動きに対しては、反対運動もおきています。まさに映画『ターミネーター』の殺人ロボットをつくろうとしているのですから。

ところが、国家安全保障という錦の御旗のために、それは悪と意識されません。そこが問題なのです。善悪は相対的なもので、見る立場が変わると善が悪に、悪が善になります。悪いのは人工知能自身ではなく、それをつくり、使う人間のほうであり、しかも善意のつもりが悪意となりうる、その危険性に思い至らない愚かさが元凶なのです。

2章

人工知能ブームの行方

——ディープラーニングの成功と限界

現在の人工知能ブームの「火付け役」となったのが、約10年前に登場した「ディープラーニング」と呼ばれる計算手法です。ここでは、ディープラーニングとはどんなものなのか、なぜ注目されているのか、どんな限界があるのかを簡単に解説したいと思います。その前にまず、これまでの人工知能開発の歴史を簡単に振り返ってみましょう。

マッカーシーと第1次人工知能ブーム

〝Artificial Intelligence（AI）〟＝「人工知能」という言葉が誕生したのは、1956年といわれています。当時、ダートマス大学にいたジョン・マッカーシーが開催した、ある研究発表会の提案書で「人工知能」という言葉が初めて使われました。この研究会は通称「ダートマス会議」と呼ばれ、発起人のマッカーシー以外にも、認知科学者で「人工知能の父」と呼ばれるマービン・ミンスキーや、情報理論を考案し現在のコンピュータの基礎を作り上げたクロード・シャノンなど、そうそうたるメンバーが参加していました。

その10年前の1946年に、世界で初めての電子式のコンピュータ「エニアック（E

NIAC)」が完成しており、1950年代に入って、研究者の間には、コンピュータは人間の脳のようなものになるはずだ、コンピュータで人間の知能を表現できるに違いない、という過大な評価、期待感がふくらんできました。ところが、しばらく盛り上がった人工知能研究は、1970年代に入って停滞してしまいます。

そのもっとも大きな理由は、当時のコンピュータの能力不足です。たとえば、1954年に発表されたIBM704の性能は、1秒間に4万回の計算ができるというものでした。IBM704は、気象庁に納められて数値予報を初めて行なった、当時では最先端のマシンです。一方、現在、日本最速のスーパーコンピュータ「京」は、1秒間に1京回計算できます。つまり、当時は現在の2500億分の1の能力しかなかったわけです。

現在でもディープラーニングを利用した人工知能ソフトを走らせるには、高速なプロセッサを積んだコンピュータを何台も並べて、何日もかけて計算を行なう必要があります。それでも、まだとても人間の脳ができたとは言えません。ですから、当時のコンピュータの能力で人間の脳の活動を模擬できるわけがなかったのです。マッカーシーたちの期待は実現できぬ夢でした。こうして、人工知能研究はしばらく冬の時代に入ります。

日本が主導した第2次人工知能ブーム

人工知能への期待が再び高まったのは１９８０年代、第2次人工知能ブームと呼ばれる時期です。ここでは日本が主導的な役割を果たしました。当時の通商産業省（現・経済産業省）が、研究開発予算約５７０億円を投入して、「第五世代コンピューター計画」という国家プロジェクトを進めたのです。

その目標は、推論を高速で実行する並列推論計算機をつくることでした。プロローグというプログラミング言語を使って、自然言語処理などを行なえる人工知能マシンをつくろうとしたのです。

当時、開発をめざしたのは「ルール型人工知能」、あるいは、エキスパートシステムと呼ばれるものです。ルール型というのは、“If～, then…”、すなわち「もし～だったら…せよ」という形式で、考えられるあらゆる規則を並べていくものです。「エキスパート」とは専門家のことですが、専門家がもっている知識を、「この場合はこうする」

という "If-then" 形式のルールを並べていくことで、人工知能ができるはずだと考えたのです。そして、そのようなルールを並列推論計算機で実行しようとしました。

その結果は、期待はずれのものでした。並列推論計算機はできましたが、その上で走るアプリケーションはつくることができませんでした。少なくとも、産業に貢献できるような応用はなにも生まれなかったわけで、これが「第五世代コンピューターは失敗だ」と言われる最大の原因です。日本ではあまり騒がれませんでしたが、海外では「Big Failure（大失敗）」と呼ばれています。

ただ、日本だけでなく、海外でも実情は似たようなもので、当時、アメリカをはじめとするさまざまな国も、同じようなエキスパートシステムを開発しようと試みましたが、みんな失敗してしまいました。

それは、人間のすべての知識を“If-then”、つまり、「こういう場合はこうする」というような形で書き上げることが、事実上不可能なためです。人間の知識を過小評価していた、とも言えるでしょう。

もっとも第五世代コンピューターに関わった研究者の中には、「第五世代コンピューターは、けっして失敗ではない。論文はできた」という人もいます。あるいは「その時育った人材が、現在の日本の人工知能開発の指導者になっている」という人もいます。たしかに、論文はできたし、人材は育ったかもしれません。しかし、その育った人材が、大活躍して世界的に認められる成果を出しているかというと、どうもそんな話も聞きません。その意味では、やはり失敗であったと認めるべきでしょう。

この失敗のツケは大きく、その後、日本政府が音頭をとって人工知能研究に邁進することはなくなりました。それが最近までの状況です。もっとも政府主導でプロジェクトを推進することがよいかどうかは、また別な問題ではありますが。

ニューラルネットワークの進化

第2次人工知能ブームの挫折の後、人工知能の研究は再び冬の時代に入りましたが、21世紀に入ってから、また注目が高まってきました。現在おきている第3次人工知能ブームです。

このきっかけは、トロント大学の教授であるジェフリー・ヒントンらが「ディープラーニング（深層学習）」と呼ばれる手法を開発したことです。

今、あちこちで話題になっているディープラーニングは、じつは、まったく新しい技術ではありません。この技術がベースにしているのは、「ニューラルネットワーク」という計算手法です。それは、脳のニューロン（神経細胞）と、ニューロンどうしが情報を伝達するシナプス結合を、数学的にモデル化したものです。具体的な計算法は43ページの図を参照してください。

このニューラルネットワークの発想は、すでに第2次世界大戦中からありました。提唱された当時はアイデアにすぎませんでしたが、その後、コンピュータの発展に伴って、徐々に進化しました。

第3次人工知能ブームの要因

ところが、初期の簡単なニューラルネットワークでは、ある基本的な演算ができないことを、先に挙げたマービン・ミンスキーが証明したのです。このため、いったんニューラルネットワークの研究は下火になりますが、その後もさまざまな研究者によって地道な改良が重ねられ、1980年代には基本的な手法や理論はほぼ完成します。

そして、今世紀に入って、ジェフリー・ヒントンが、ニューラルネットワークのレイヤー（階層）を何段にも重ねれば、高度な推論ができることを示しました。これが現在、ディープラーニングと呼ばれているものの原型です。ニューラルネットワークのレイヤーが何段にも重ねられていて深い（ディープである）ことから、この名前がつけられました。

何段にも重ねるというのは、一見単純なことに思えますが、何段にも重ねた計算をするためには膨大なコンピュータパワーが必要です。そのコンピュータパワーが足りなかったため、長らく実行できる環境がなかったのです。

第3次人工知能ブームがおきた要因は3点に整理できます。

1つ目はディープラーニングという概念の誕生です。これは先に書いたように、ニューラルネットワークのレイヤーをたくさん重ねるということですが、この理論的な進歩が挙げられます。2つ目は、コンピュータの能力が大きく進歩し、プログラムを実行する計算機の計算速度がひじょうに速くなったことです。そして、3つ目に巨大なデータ、

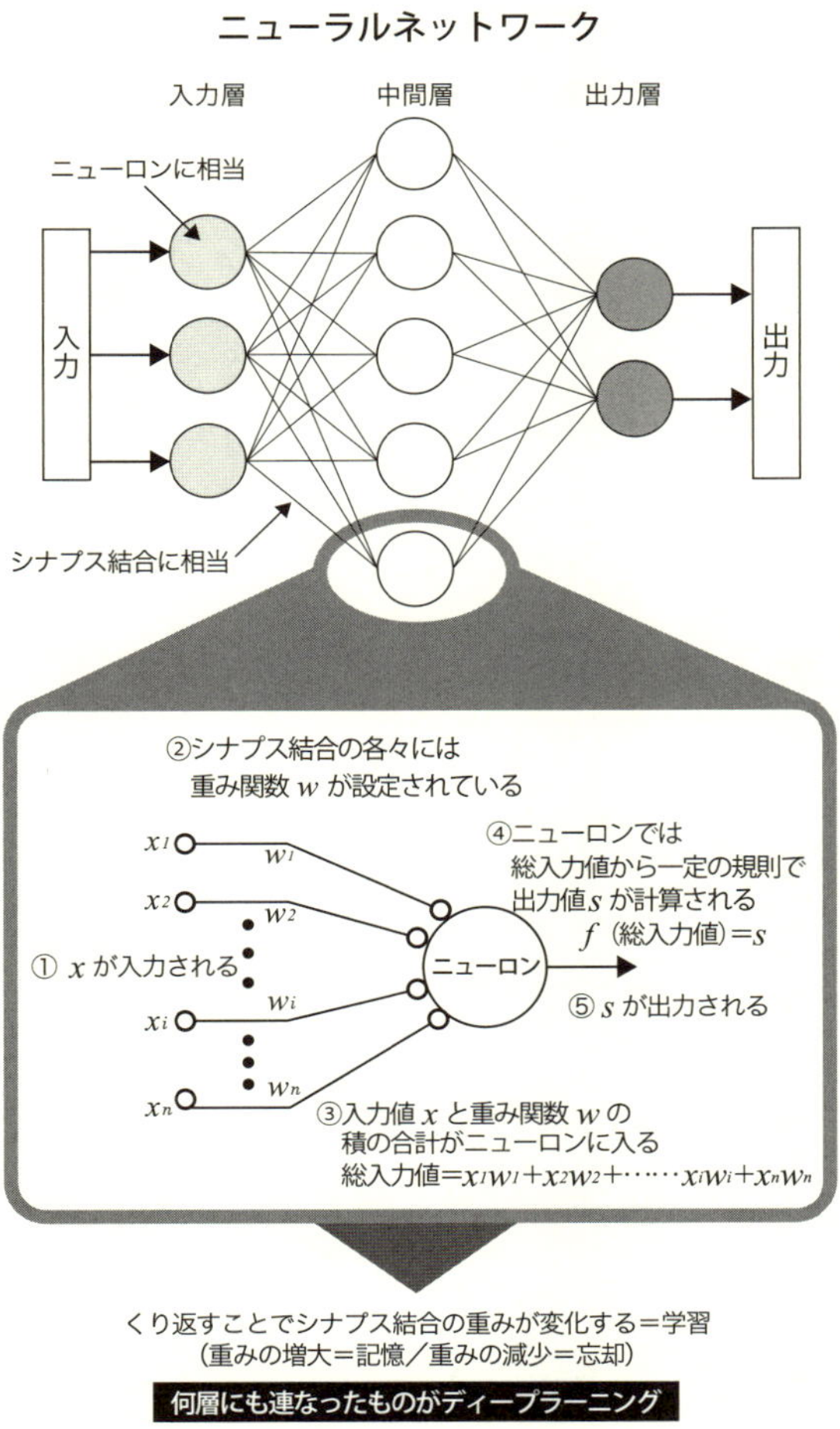
ニューラルネットワーク
入力層
中間層
出力層
ニューロンに相当
入力
出力
シナプス結合に相当
②シナプス結合の各々には
重み関数 w が設定されている
x1
x2
xi
xn
w1
w2
wi
wn
① x が入力される
ニューロン
④ニューロンでは
総入力値から一定の規則で
出力値 s が計算される
f（総入力値）＝s
⑤ s が出力される
③入力値 x と重み関数 w の
積の合計がニューロンに入る
総入力値＝x1w1＋x2w2＋……xiwi＋xnwn
くり返すことでシナプス結合の重みが変化する＝学習
（重みの増大＝記憶／重みの減少＝忘却）
何層にも連なったものがディープラーニング

いわゆる「ビッグデータ」が手に入るようになったことがあります。

画像認識コンペで圧勝

現在、ディープラーニングの利用が進んでいるのは、画像認識の分野です。たとえば、膨大な数の写真データをあらかじめコンピュータに読みこませておけば、これは犬である、これは猫である、これは人間である、と高い精度で識別できるようになってきました。あるいは、人の顔の写真を見て、これは誰なのか、という判断もできます。

２０１２年、世界的な画像認識技術のコンペ「ＩＬＳＶＲＣ（ImageNet Large Scale Visual Recognition Challenge）」で、トロント大学のスーパーヴィジョン（SuperVision）というソフトが圧勝しました。これが、現在、ディープラーニングが世界的な注目を集めるようになったきっかけです。

ＩＬＳＶＲＣでは、飛行機や人、ピアノなどさまざまなものが写っている写真データをコンピュータに学習させ、ある写真になにが映っているかを識別させることを競います。通常は、正答率の小数点以下の微妙な差を競うような熾烈なコンテストです。

ここで、初参加のスーパーヴィジョンは、いきなり他のプログラムに10ポイント以上の差をつけて、ダントツで優勝したのです。このスーパーヴィジョンに使われたアルゴリズムが、ジェフリー・ヒントンらが開発したディープラーニングでした。

今は「猫も杓子もディープラーニング」という状況になっていて、世界中でさまざまな取り組みが行なわれています。その中でも先駆的で有名なものが「グーグルの猫」と呼ばれる実験です。

これは、2012年にグーグルと共同研究していたスタンフォード大学のアンドリュー・エンが行なったもので、ユーチューブから静止画を1000万枚ほどとってきて、それを、コンピュータを1000台並べた巨大な並列計算システムに放り込んで、3日間ぶっ通しで計算させました。これは後述する教師なし学習で行なわれたのですが、その結果、ディープラーニングのニューラルネットワークの中に、猫を認識するパターンが現れたのです。

人工知能には事前になにも教えていないのに、コンピュータが自分自身で「猫」という概念を獲得した実例として話題になりました。この「グーグルの猫」と呼ばれる実験は、人工知能研究者だけでなく、一般の人々の間でも話題になり、ディープラーニングの認知度を大きく高めました。

人間の脳との違い

ディープラーニングの成功は、昨今の人工知能ブームの最大の要因といえるでしょう。ディープラーニングはさまざまな応用が進んでいますが、それでもまだ、人間の脳が解明できたとは言えません。その理由を、少し専門的になりますが、説明しましょう。

人工知能にはさまざまな分野があり、ディープラーニングは機械学習という手法のひとつです。機械学習とは、データを山のようにコンピュータに読みこませて、それらのデータからなんらかのパターンを見つけたり（パターン認識）、データをグループに分類したりする技術です。

一般的な機械学習は、2段階のプロセスが必要です。第1段階は学習フェーズと呼ばれるものです。画像認識なら、あらかじめ膨大な数の写真データを読みこませておくプロセスです。音声認識なら、たくさんの人の声をあらかじめ聞かせておくということになります。この学習フェーズには膨大な時間がかかります。画像なら1000万枚の写真を見せたり、音声認識なら何十時間も声を聞かせたりします。

もうひとつのプロセスが、推論フェーズです。推論フェーズには、ほとんど時間がかかりません。学習フェーズを終え、推論フェーズに入った人工知能は、ある写真を見せると、それが犬か猫か人間かを即座に判断できるようになります。たとえば、Siriなどの音声認識ソフトを使っていると、即座に反応が返ってくるのも、このためです。

このような学習フェーズと推論フェーズを完全に分けて、順番に行なう学習法を、バッチ学習といいます。しかし、私たち人間もほかの動物も、バッチ学習をしているようには見えません。たとえば、なにかを初めて見た時のことを考えてみればわかります。

天才的な人工知能研究者であるディリープ・ジョージの博士論文にこう書かれています。

「あなたがインドを旅行したとしよう。そこでたくさんのリキシャ（力車）を見かけるだろう。あなたはリキシャを知らない。でも、数台見た後なら、次からはどんな色や形のリキシャでも、リキシャを識別できるだろう」

そうなのです。人間はリキシャを学習するのに、1000万台のリキシャを見る必要はありません。数台で十分です。子どもでも同じことです。数匹の犬を見せて、お母さんが「あれは犬だよ」と教えれば、それで十分です。けっして犬の写真を1000万枚も見せる必要はありません。リキシャの場合でも、学習時間は短いし、学習しながら推論を行なうことができます。すなわち、学習フェーズと推論フェーズは同時並行に進むのです。これをオンライン学習といいます。現状の多くの機械学習はオンライン学習ではないのです。

教師付き学習と教師なし学習

機械学習には、教師付き学習と教師なし学習、そして、その中間である半教師付き学習という種類があります。教師付き学習とは、データを与えるたびに、その名前を同時に教えてやる学習法です。たとえば、子どもに犬を見せるたびに、お母さんが「あれは犬だよ」と教え、猫を見るたびに「あれは猫と言うのよ」と教えるような学習法が教師付き学習です。

しかし、教師付き学習を現実のビッグデータで行なうのは、なかなかたいへんです。

ディープラーニングなどの機械学習というのは、先に述べたように人間の学習に比べるとかなり効率が悪くて、学習させるためには膨大な数のデータを与えなければなりません。たとえば、猫や人間の顔を識別するためには、1000万枚というような膨大な数の写真データを読みこませる必要があります。

画像を1000万枚も集める作業は、昔ならまず不可能でしたが、今なら簡単です。たとえば、ユーチューブには膨大な量の動画がアップされています。その動画の各フレームから静止画を切り出していけば、あっという間に写真のビッグデータがつくれます。

しかし、この膨大な写真の1枚1枚について、それが犬であるか猫であるか、あるいは人間であるかを教えるのはたいへんです。具体的には、各写真にタグというネームプレートを付けて学習させるのですが、タグを付ける作業にとても手間がかかります。

ディープラーニングの利用の多くは教師付き学習で行なわれています。この点でも、ディープラーニングは、人間の学習とは異なっていると言えます。

動物は、ものの区別はつきますが、名前は知りません。たとえば、猫は自分の餌の皿を学習しますが、それが皿という名前であることは知りません。つまり、動物は基本的に、教師なし学習をしています。私たち人間も、犬とか猫と呼ぶ名前は、お母さんに教わらないと学習しませんが、犬と猫の違いは自分自身で区別できます。つまり、概念自体は教師なしで学習しているのです。

教師なし学習では、個々のデータにタグを付けずに、データをなんらかの特徴によって分類します。たとえば、画像認識であれば見かけの違いに着目します。犬と猫では顔つきが違いますし、人間は犬や猫と見た目が異なります。先に述べたように、動物は基本的に教師なし学習をしています。

そうして分類が終わった後に、それぞれの分類に人間が「犬」や「猫」という名前を与えてやるのが、半教師付き学習です。人間は基本的に、教師なし学習と半教師付き学習の両方を行なっています。機械学習では、どうやって教師なし学習や半教師付き学習を行なうのか、どうやってその手法を開発するのかが重要な研究テーマになります。より人間に近い認識法の開発です。

教師なし学習のメリットは、データにいちいちタグを付ける必要がないということです。人工知能を実社会で本格的に応用するためには、教師なし学習であるべきでしょう。

しかし、ディープラーニングでは、今のところ主流は教師付き学習で、コンピュータに画像を読みこませる前に人間がいちいちタグを付けなければならないのです。

今後のカギはマスター・アルゴリズム

この章の前半で振り返ったように、人工知能開発には、春の時代と冬の時代が交互に訪れてきました。ではまた、もうしばらくすると冬の時代に入るのでしょうか。

私は、もうかつてのような冬の時代は来ないのではないかと思っています。なぜなら、コンピュータのパワーが急激に向上し、人工知能に読みこませるビッグデータも、近年たいへんな勢いで蓄積されているからです。

そこで期待されるのが、人間の能力を超える超知能の誕生です。

コンピュータの能力がどのくらいあれば、人間の脳と同じ程度の知的活動が再現できるでしょうか。これについては、研究者によってさまざまな意見がありますが、もっとも楽観的な見積もりでは、神戸にあるスーパーコンピュータ「京」程度で十分だという人もいます。たとえば、産業技術総合研究所の一杉裕志さんはこの立場です。

京コンピュータの能力は10ペタフロップス、1ペタは1000兆のことで10ペタが1京です。1フロップスとは1秒間に1回、小数点付きの数字の計算ができる能力です。つまり、1秒間に1京回の計算ができれば、人間の脳と同程度ということになります。

もう少し厳しい見積もりをする人は、京コンピュータの100倍程度、つまり100京フロップスの能力をもつコンピュータが必要と考えています。100京フロップスは、英語で1エクサフロップスといいます。つまり、エクサフロップスのスーパーコンピュータができれば、人間の知的活動を再現できるというわけです。7章でご登場いただくペジーコンピューティング（PEZY Computing）の齊藤元章さんの技術をもってすれば、2020年頃までに、エクサコンピュータを開発することは十分可能です。

さらに厳しい見積もりをする人は、エクサフロップスのさらに1000倍、1ゼタフロップスの能力が必要としています。この場合はさらに10年、待たなければならないでしょう。2030年頃になるでしょうか。

私自身は、もっとも楽観的な意見と同じで、10ペタフロップス程度でよいと考えています。

これからの人工知能の発展に壁があるとすれば、このようなコンピュータパワーとデータの発展を十分活用し、新しい地平を拓くような人工知能の理論、つまりマスター・アルゴリズムと呼ぶべきものが生まれるかどうか、です。人工知能の未来は、ここにかかっていると思います。

現在は、ディープラーニングが全盛ですが、先ほど述べたように、この手法と人間の認識との間にはさまざまな違いがあります。その点から見ても、マスター・アルゴリズムがディープラーニングの延長線上にあるとはかぎりません。

かつては、人工知能とはルール型のアルゴリズムを指しました。もっともルール型が全盛だった頃も、機械学習も細々と研究されていました。当時研究されていた機械学習を人工知能と呼ぶかどうかは判断の分かれるところですが、今から見れば広い意味の人工知能でしょう。昔はルール型がメジャーで、機械学習がマイナーだったというのは、機械学習には成果がほとんどなかったからです。

逆に、ディープラーニングなどの機械学習がメジャーとなった今でも、実用においては、ルール型は活躍しています。代表的な例として、「はじめに」でもふれたＩＢＭのワトソンがあります。このワトソンがアメリカのとても有名なクイズ番組「ジェパディ！（Jeoperdy!）」で、人間のチャンピオンを破ったことはご存じの方も多いでしょう。

どの時代もさまざまな異なった手法が並行して研究開発されてきました。今後、どの手法が人工知能の次の飛躍の突破口を開くかは、簡単にはわかりません。

３章

トップランナーは誰か

――激烈！　世界の人工知能開発競争最前線

今、巷にある人工知能はすべて、特定の目的に特化した人工知能、「専用人工知能（特化型人工知能）」と呼ばれるものです。ある分野では人間の能力をはるかに超えますが、それしかできません。一般常識がない人工知能とも言えます。

一方、人間は、上手ではなくてもだいたいなんでもこなせます。将棋でも、将棋の専用コンピュータには負けますが、「へぼ将棋」は指せます。将棋や碁やチェスだけでなく、雑談の相手などもひととおりこなせます。このような、さまざまなことを処理できる、人間の特徴的な能力が「汎用知能」です。

このような汎用知能をもった人工知能が「汎用人工知能」です。これから人工知能を人間の代わりとして利用しようとする時、汎用人工知能が必須となってくるでしょう。このため、人工知能開発は、専用人工知能から汎用人工知能へと向かおうとしています。

この章では、世界で繰り広げられている熾烈な開発競争の現状を紹介しましょう。

グーグルの全世界データ収集

グーグルは現在、さまざまな技術開発にものすごい勢いで投資を行なっています。たとえば最近では、グーグルグラス（メガネ型の携帯端末）や自動運転車が話題になりました。グーグルグラスはプライバシーの問題などで民間用としてはうまくいきませんでしたが、業務用として実用化が進められています。自動運転車は技術的にはほぼ実用化レベルに到達していて、後は法的な問題をどう解決するかです。

グーグルはまた、ネストという火災報知器の会社を約3200億円で買収しています。火災報知器の会社を、なぜそんなに巨額で手に入れたのでしょうか。

その真意をグーグルが発表していないので、これは憶測でしかありませんが、火災報知器は各家庭に設置されていて、家の中での火災を常時監視しています。これを使えば、火事以外にもさまざまなことを見張ることができます。たとえば、泥棒が入ってきていないかとか、子どもは元気に遊んでいるかなどです。

グーグルが狙っているのは、このデータなのではないでしょうか。世界中の家庭のデータを取得するために、この火災報知器の会社を買ったのではと推測できるのです。

そのほかにもグーグルは、家庭用監視カメラの会社や人工衛星の会社も買収しています。そうして、世界中のありとあらゆるデータを集めようとしています。それがお金になるからです。個々のデータはたいしたことがなくても、大量に集まれば価値を生みます。

グーグルのGメールを使っている方は少なくないと思いますが、そこでもデータが集められています。たとえば「温泉」と書くと、横に温泉の宣伝が出てきたりしますよね。ある意味で、メールの文章が読まれている、ということです。もちろん読んでいるのは、人間ではなくてコンピュータ、人工知能です。

グーグルの人工知能はどんどん進化しています。たとえば、なにかを検索する時、入力した言葉が間違っていても指摘してくれます。将来的には、なにかを入力した瞬間に、ユーザがなにをしたいのかを教えてくれるようになるでしょう。つまり、自分自身が意識する以前に、自分の思いがわかってしまうような技術を、グーグルは実現しようとしているのです。

この技術は、たとえばアフィリエイトの広告に利用することができます。現在、多くのショッピングサイトには、リコメンデーション機能があります。これは、過去の購入データに基づいて、ある商品を買った人が買う確率が高い商品を「おすすめ」してくれるというものです。たとえば、アマゾンでなにかを購入すると、「あなたへはこちらがおすすめ」などとさまざまな商品を紹介してくれます。このような人工知能が、さらに発達していくでしょう。

グーグルは資金力が豊富です。先ほど書いたネストの買収額は約３２００億円、次に述べるディープマインドは正確な買収額は不明ですが、４００億円とも５００億円ともいわれています。

ディープマインドと天才ハサビスの衝撃

２０１４年、グーグルはディープマインドというイギリスの人工知能ベンチャーを買収しました。ディープマインドの創立者の１人は、デミス・ハサビスという天才です。ギリシャ系の父と中国系シンガポール人の母の間に生まれたハサビスは、４歳でチェスをマスターして、14歳でグランド・マスターになったそうです。17歳の時にゲームの会社をつくって大儲けし、ケンブリッジを優れた成績で卒業してまた別な会社を経営した後、ロンドン大学で神経生理学を研究しています。脳の海馬が傷つくと、想像力にどんな影響が出るか調べる研究です。海馬はエピソード記憶と呼ばれるものを司る器官です。

彼の論文は、２００７年の「サイエンス」誌の10大ブレークスルーに選ばれています。

ハサビスは２０１２年にディープマインドを設立しました。その後、急激に大きくなり、現在、約１０００人いる従業員の多くは博士号取得者だそうです。彼らが開発した人工知能はディープ・Q・ネットワーク（deep Q-network）、省略してＤＱＮと呼ばれています。ちなみに、日本のネットスラングで「ＤＱＮ（ドキュン）」とは「バカ」のことを指しますが、彼らのＤＱＮはとても賢いのです。

ハサビスらは開発した人工知能に、まずゲームをやらせました。ゲームはルールや目標がはっきりしているからです。１９８０年代に流行ったゲーム機「アタリ２６００」を使って、スペースインベーダーやブロック崩しなどのさまざまなゲームを人工知能にやらせたのですが、その様子はユーチューブで見ることができます。最初のうちはまったく下手ですが、だんだんゲームのコツを覚えてきて、慣れてくると、人間よりはるかに効率よく敵を撃破していきます。

ブロック崩しでも、しばらくゲームを続けると、やがて跳ね返ってくるボールを的確に自分のラケットで打ち返すようになります。１００回、２００回、３００回と回数を重ねるごとに上達していって、一晩続けると、高得点が得られる方法を自ら「発見」します。ブロックの壁の両端に穴を開けて、そこに球を通して、裏側からブロックを崩していくという方法です。ブロック崩しの熟練者がやる、文字通り「裏ワザ」ですね。DQNは、これを恐るべき正確さでやってのけるのです。そうなってくるともう無敵で、人間はとてもかないません。このデモ動画は世界を驚愕させ、イギリスではBBCのニュースにもなったほどです。

宇宙の神秘の解明が目的

ハサビスは、「ディープマインドの目標は、物理学を発展させて宇宙の神秘を解明することだ」と語っています。そのためには宇宙を直接研究するより、人間の脳を研究したほうが早いと考えたのです。なぜなら、脳を解明して汎用人工知能をつくって、その人工知能に宇宙の解明をやらせればよいからです。私はこの考えにとても共感しています。

いきなり人間のような汎用機をつくるのは困難ですが、たとえば、将棋やチェスに特化した専用機なら比較的簡単につくれますから、まずそういうものをつくって、汎用人工知能へ広げていけばいい。ハサビスはそう考えているのでしょう。

ハサビスは平和主義者でもあって、グーグルに買収される際、人工知能を軍事利用しないための倫理委員会をつくることを条件にしました。ディープマインドは400億円以上、700億円との噂すらある巨額な資金で買収されたわけですが、ハサビスは研究に集中できるからいいと言っています。彼らは「20年ロードマップ」をつくり、じっくりと腰を据えて開発に取り組もうとしています。ディープマインドは、これからの人工知能界の期待の星であり、ほかの開発者にとってはたいへんな脅威かもしれません。

本腰を入れ始めたIBM

IBMは、人工知能関係で、3つのプロジェクトを進めています。まず、すでに広く知られているのが、ワトソンです。IBMはかつて、チェス専用コンピュータ「ディープ・ブルー」を開発し、当時のチェス世界チャンピオンに勝ったという実績があります。ワトソンは、この〝DNA〟を受け継いでいます。

ワトソンを有名にしたのは、2章の最後でもふれたとおり、クイズ番組「ジェパディ！（Jeopardy!）」で人間のチャンピオンに勝利を収めたことです。もっともワトソンの目的は、クイズに勝つことではないでしょう。開発上の実証ターゲットのひとつとして、クイズを使ったのだと思います。どんな開発でも、目標が明確に定義されたターゲットをもつことは大切です。チェスに勝つことなら比較的明確に定義できますが、クイズに勝つことを明確に定義するのはなかなか難しいことです。言語に関する「常識」が必要になってくるからです。ワトソンの開発にはクイズの世界チャンピオンも協力しています。

ワトソンの性能はその後もどんどん向上していて、最近はワトソンの実用化も進んでいます。たとえば、「はじめに」でふれたように、日本では銀行のコールセンター業務にワトソンが導入されています。

ＩＢＭがとくに力を入れているのは医療分野です。医者のアシスタントにワトソンを使い、患者の容体やさまざまな情報を入力すると、どの病気にかかっている確率が何％か、候補となる治療法はなにかなどを教えてくれるアプリケーションが開発されています。

シナプス計画の限界

ＩＢＭが進めている２つ目のプロジェクトが、シナプス（SyNAPSE＝Systems of Neuromorphic Adaptive Plastic Scalable Electronics）です。これは、機械学習の一手法であり、ディープラーニングの基礎となっているニューラルネットワークのアルゴリズムを、ハードウェア化しようという計画です。

今の人工知能のほとんどは、コンピュータ上で動くソフトウェアで計算を行なっています。計算量が膨大な場合はＧＰＧＰＵと呼ばれる、もともとは画像処理専用のプロセッサを計算に用いることもあります。

しかし、人工知能を携帯したり、ロボットに利用したりするためには、スーパーコンピュータや大型で消費電力の大きなハードウェアは使えませんから、小型で軽量なハードウェアが必要になります。そこでＩＢＭが考えたのが、シナプスです。２０１４年、その最新版であるトゥルーノース（TrueNorth）が公開されました。人間の脳のような計算能力や効率のよさをもつといわれる、新しいハードウェアです。

トゥルーノースは54億のトランジスタを使用し、コア数が100万。コアとは、CPU内で処理を行なう中核回路のことで、脳のニューロンに相当します。脳のシナプスに相当するものはその256倍、2億5600万も備えています。IBMは、このトゥルーノースでラットの脳と同程度の能力を達成したと言っています。

シナプス計画のヘッドを務めるインド人、ダーメンドラ・S・モダは以前、猫と同等の能力を達成したと発表したことがあります。後で述べるヒューマン・ブレイン・プロジェクトを率いるヘンリー・マークラムは、それを「せいぜいアリの脳程度にすぎない」と批判しました。そういう経緯から、モダは今回、謙虚に「ラット程度」としたのかもしれません。

ちなみに、諸説ありますが、人間の場合、大脳だけに限定してもニューロンは数百億個、シナプスは約100兆個あるといわれています。

シナプス計画は、DARPA（アメリカ国防高等研究計画局）の資金援助を受けています。つまり、軍事予算で開発されているわけです。たとえば、こういうチップをミサイルに載せれば、自律的に攻撃先を探しにいくような兵器ができるかもしれません。

トゥルーノースの問題は、チップ単体では学習できないことです。2章で説明したように、機械学習では、事前に「学習フェーズ」というプロセスが必要です。学習フェーズでは、人間のシナプス結合の変化に相当することを行ないます。しかし、トゥルーノースでは、学習は外部のスーパーコンピュータで行なっておいて、その結果をチップの上に設定する、という手順になります。このためトゥルーノースは、内部の計算回路の状態を自分自身では変えることができません。つまり、自分では学習できないのです。

トゥルーノースの調整は面倒ですが、産業目的としては十分役に立つでしょう。しかし、人間の脳の代替物にはなりません。なぜなら、人間の脳の活動では、学習フェーズと推論フェーズは分離されていないからです。なにかの行動をしながら、同時に学ぶ必要があります。たとえば、赤ちゃんは熱いものに触って火傷すれば、もう二度と触りません。熱いものにたくさん触って、火傷しまくってから賢くなるのでは、間に合わないのです。

このように、データが与えられるたびに少しずつ賢くなっていくような学習を「オンライン学習」と呼びます。人間のような汎用人工知能には、オンライン学習は必須の能力です。後でとりあげるジェフ・ホーキンスも、事前にまとめて学習する必要がある現状のディープラーニングには限界があると指摘しています。トゥルーノースも、このままでは人間のような汎用人工知能には発展しないでしょう。

そういう限界を見通したこともあってか、ＩＢＭは３つ目の人工知能プロジェクトとして、最近、ジェフ・ホーキンスと共同でコーティカル・ラーニング・センター（Cortical Learning Center）という部門を新設しました。ここでは、ホーキンスが開発した階層的時間記憶理論（Hierarchical Temporal Memory＝ＨＴＭ理論）の、皮質学習アルゴリズム（Cortical Learning Algorithm）をベースにして、人間の脳により近い人工知能アルゴリズム（ＨＴＭ-ＣＬＡ）を開発しようとしています。この組織には１００人のスタッフがいます。ＩＢＭがこのような新しい人工知能の研究開発に取り組みはじめたのは、ほかの開発者にとって大きな脅威です。

フェイスブックとマイクロソフト

世界最大のソーシャル・ネットワークをもつフェイスブックも、人工知能の研究開発には積極的です。2013年に人工知能研究所を立ち上げ、畳み込み(コンボリューショナル)ニューラルネットワークという技術を開発したフランス人の人工知能学者、ヤン・ルカンを所長として迎え入れました。

畳み込みニューラルネットワークとは、計算の各層ですべてのニューロンがつながっているのではなく、一部のニューロンどうししかつながっていないようなニューラルネットワークです。これは大脳の視覚野の構造に近いため、畳み込みニューラルネットワークはもっぱら画像処理に利用されています。開発者のルカンは、今、脚光を浴びているディープラーニングを開発したトロント大学教授ジェフリー・ヒントンの教え子です。グーグルカンはフェイスブックでの研究を基本的にオープンにすると言っています。グーグルが買収したディープマインドも、基本的に研究をオープンにすると述べています。DQNのコードもオープンにされるのなら面白いことです。一方、IBMはクローズで進めるようです。

ウィンドウズで世界を制覇したマイクロソフトは、一時期アップルの躍進の陰でシェアを落とし、将来を危ぶむ声もありました。しかし、最近はCEOも変わり、方針を変えて、再び積極的な活動を展開しています。人工知能研究もそのひとつの現れでしょう。

最近、マイクロソフトが中国で行なった講演で、講演者の英語を音声認識でテキストに変換し、会場の画面に表示するとともに、この英語を中国語にリアルタイムで翻訳して中国語の漢字でも表示し、さらにこれを発音した中国語の音声も流す、というデモンストレーションがありました。これは聴衆に拍手喝采されました。

マイクロソフトはまた、スカイプを買収し、スカイプで自動翻訳のサービスを始めています。こちら側がスペイン語で話せば、相手には英語で聞こえる、というサービスです。現在は英語とスペイン語の間の翻訳だけですが、欧米の言語は似ていますし、中国語も比較的文法が近いので、多言語化は思ったより速く進むかもしれません。ただ、日本語はかなり構造が違うので、翻訳サービスが実現するには時間がかかるでしょう。

EUのヒューマン・ブレイン・プロジェクト

ＥＵはヒューマン・ブレイン・プロジェクトを進めています。これは、人間の脳の活動のすべてをスーパーコンピュータでシミュレートしようとする野心的な研究プロジェクトです。このプロジェクトを率いる、スイスのローザンヌにある連邦工科大学のヘンリー・マークラム教授は、もともとブルー・ブレイン・プロジェクトと呼ばれる、人間の脳を分子レベルまでコンピュータ・シミュレーションで再現する研究をしていた人物です。

ヒューマン・ブレイン・プロジェクトは、直接的な人工知能の開発というより、脳科学研究の側面が強い研究プロジェクトです。その最終的な目標は、コンピュータ上のニューロンやシナプスの数を人間と同等のレベルまで増やすことにあり、その結果、そこに意識が現れるかもしれないと期待しています。しかし、おそらくそう簡単にはいかないでしょう。

実際、このプロジェクトには批判も多いようです。ひとつは、人類はまだ脳の基礎的なプロセスも理解していないのに、脳のシミュレーションができるはずがないという批判です。要するに、目標が野心的すぎるということです。そして、この研究から人工知能が生まれるとは、多くの研究者は考えていないようです。

もうひとつは、研究資金をめぐる争いで、マークラムが研究費の大半を取ってしまうため、ほかの神経生理学の研究プロジェクトにあまりお金が回らないという批判です。ほかの研究者たちは憤慨して、オープンレターを書いてEUの上層部に訴えています。

こういう騒動をみるに、ヒューマン・ブレイン・プロジェクトの先行きは、あまり明るいものではなさそうです。ただし、人間の脳全体は無理でも、その一部だけでもシミュレートできれば、それを利用して新しいアルゴリズムやコンピュータ・プロセッサができる可能性はあるかもしれません。マークラムが本当に誤った方向に進んでいるかどうかは、現時点ではまだわからないでしょう。

アメリカのブレイン・イニシアティブ

ヒューマン・ブレイン・プロジェクトでヨーロッパに先を越され、焦りを感じたアメリカが立ち上げたのが、ブレイン・イニシアティブです。オバマ大統領が直々に発表したほど、大々的に始められました。こちらはヒューマン・ブレイン・プロジェクトよりさらに脳科学研究に近く、人間の脳の活動を徹底的に研究するのが目標です。そのため、ヒューマン・ブレイン・プロジェクトのような論争を呼ぶものではありません。もっとも、研究予算の配分についてはよくわかりませんが。

バイドゥー（百度）

バイドゥー（百度）は、中国のグーグルに相当するような会社です。

バイドゥーは２０１４年、シリコンバレーに人工知能研究所を開設しました。その所長に就任したアンドリュー・エンは、スタンフォード大学教授で、人工知能界のスターです。彼がスタンフォード大学で行なった人工知能の公開講座はネット配信され、のべ５万人が受講したといわれています。講義はなかなかわかりやすく、人のよさそうな人物です。

エンは、もともとグーグルの基礎研究所に在籍してディープラーニングを研究していました。あの有名な「グーグルの猫」の実験を行なったのもエンです。バイドゥーはディープラーニングの研究に力を入れていたので、エンの業績に目をつけたのでしょう。

バイドゥーは２０１５年、ＩＬＳＶＲＣ（ImageNet Large Scale Visual Recognition Challenge）という世界的な画像認識コンテストで不正を行ない、１年間の出場停止処分となりました。コンテストのルールで定められている上限回数を超えてアルゴリズムの学習を行ない、彼らの人工知能アルゴリズムが、実力以上に性能が高いようにみせかけたと報じられています。このような事件がおきるほど、人工知能の開発競争は白熱しているわけです。

バイドゥーは、音声認識のための学習を数千時間行なったとも発表しており、先行するグーグルを真剣に追いかけています。

ジェフ・ホーキンスのヌメンタ

ジェフ・ホーキンスは、パーム（Palm）というＰＤＡ（携帯情報端末）を開発して、財を成した人物です。もともと技術者で、学生時代から人工知能に強い関心をもっていたようです。彼は２００５年、人工知能を開発するベンチャー企業ヌメンタを設立しました。ヌメンタがめざしているのは、機械的な人工知能、すなわち現在のコンピュータの延長線上にある人工知能ではなく、人間の脳の構造や情報伝達のしくみにより忠実な人工知能の開発です。

しかし、このような考え方は人工知能界では異端です。ホーキンスは、インテルに勤めていた時期があり、そこで脳の研究を提案していましたが、ビジネスにならないという理由で却下されてしまいます。次に、ＭＩＴの人工知能研究所に願書を出しましたが、それも不合格になりました。その後、シリコンバレーのＩＴベンチャーを経て、カリフォルニア大学バークレー校で脳の活動や知能、そして人工知能について研究しました。基本的に独学だったようです。

その頃に偶然思いついた手書き文字認識プログラムが、一時期のＰＤＡブームを牽引したパームへと発展しました。パームで財産をつくった彼は、２００２年にレッドウッド神経科学研究所という私立研究所を設立し、やりたかった人工知能の研究を再開します。なお、同研究所は２００５年にカリフォルニア大学バークレー校に移管され、理論神経科学レッドウッドセンターという名称に変わっています。

このように、ジェフ・ホーキンスは人工知能に興味をもちながら、ビジネスでしっかり財を成し、自分のお金で自分の好きな研究をしているユニークな人物です。彼の一貫した目標は、人間の脳を模擬した人工知能の開発です。

大脳新皮質に特化したアプローチ

人間の脳を模擬するといっても、ホーキンスの研究は、大脳新皮質だけに特化したアプローチを採っていて、それ以外の脳の器官、たとえば小脳とか海馬、扁桃核などは一切考慮していません。このスタンスについて彼は、「私は人間を再現するつもりはない。ロボットをつくる気もない。意識をつくるつもりもない。チューリングテスト（人工知能が意識をもっているかどうかのテスト）なんて意味がない」と語っています。

つまりホーキンスは、合理的・論理的・知性的な人工知能、すなわちマシン・インテリジェンスをつくりたいと考えているのです。そして、その最終目標は、宇宙の探求だと言います。これは、ディープマインドのハサビスと同じですね。

さらに、「巷には人工知能が人類の脅威になるという意見があるが、それはナンセンス」だともいっています。彼がつくろうとしている人工知能には意識がないのですから、脅威になりようがないというのはもっともです。ただし、ホーキンスは、危険性があるとすれば、それは人工知能を無制限にコピーすることだと言っています。そして、そのような複製は禁止すべきだと主張しています。

ホーキンスは、人間と同じように考える機械をつくる方法は3つあると言います。1つは生物学的アプローチ、2つ目は数学的アプローチ、そして、3つ目が工学的アプローチです。

生物学的アプローチというのは、彼の提唱する「階層的時間記憶理論（Hierarchical Temporal Memory Theory＝HTM理論）」のことで、これは大脳の構造や信号処理の方法を模したアルゴリズムです。

次の数学的アプローチの代表が、今流行している「ディープラーニング」です。ディープラーニングというのは、2章で解説したとおり、古くからあるニューラルネットワークを発展させたものです。ニューラルネットワークとは、その名前からわかるように、もともとは人間のニューロン、脳の神経細胞をモデルにしています。しかし、いったんニューラルネットワークとしてモデル化された後は、それを解く手順は純粋に数学の問題となってしまい、本来の脳活動とはほとんど関係のない方向に理論が発展してしまったといえるでしょう。「ディープラーニング」は、大脳を模擬しているからうまくいっているのだ」という人もいますが、少なくともホーキンスはそう考えていません。最後の工学的アプローチとは、いわゆる「ルール型」のアプローチです。この代表的な例が、ＩＢＭのワトソンです。これも2章で説明しました。

ホーキンスはこの３つを比較して、人間と同じように考える人工知能をつくるなら、まず第３の工学的アプローチはダメだと明言します。ワトソンみたいなものをいくら高度化しても人間の思考には及ばないというのです。ディープラーニングもたぶんダメだろうと言います。彼は、ディープラーニングのことを「シャロー・ラーニング」、つまり「浅い」学習だと、皮肉を言っています。彼は、人間と同じように考える人工知能をつくるには、人間の脳を模擬するのが唯一の道だと信じています。だから彼は、人間の大脳にできるだけ忠実なモデルをつくろうとしているのです。

空間的・時間的な階層性に注目

ホーキンスは、人間の脳は自然界にある階層性を利用して物事を認識しているという仮説を立てています。階層性には、空間的な階層性と、時間的な階層性とがあります。

空間的な階層性の存在は明らかです。たとえば、建物を見る時、まずビルがあって、その中に階があり、階の中に部屋があり、部屋の中に家具があり、家具にはたとえば机があり、机には天板と脚がある、というように、より小さなものに分解していくことができます。逆に言えば、小さなものが集まって大きなものができているということです。

空間と同様に、時間にも階層性があるとホーキンスは言います。たとえば、音声認識の場合、ある音素を集めると1つの音になって、音を集めると1つの単語ができ、単語が集まると文になり、文が集まると1つのスピーチとなります。音楽でも同じです。まず、音符は音素からなっており、音符が集まって小節になり、いくつもの小節がまとまって1つの楽曲を構成しています。

このように、世界に空間的な階層構造、時間的な階層構造がある、というのは事実でしょう。人間や動物が物事を認識する場合には、この空間的、時間的階層性を利用しているはずだというのが、ホーキンスのHTM理論の思想です。

人間が物を見る時、脳には特定の形にだけ反応するマクロコラムと呼ばれるものがあると言われています。マクロコラムとは、ニューロンの集まりです。たとえば、水平線、垂直線、斜めの線など、それぞれの形を認識する専門のニューロンの集まりがあると考えられています。つまり、人間は見たものの全体を一度に認識しているのではなくて、ここに水平線がある、あそこに斜めの線があるというように、小さな要素に分解して認識しているわけです。

ディープラーニングで言えば、ニューラルネットワークの1段目は、線の傾きを分類し、2段目はそれらの組み合わせを認識する。そんなふうに、上の階層に行くほどより高次の概念を認識していって、最終的に人の顔や椅子の形を認識します。ディープラーニングで画像認識を行なった際、人間同様の階層性が表れたので、画期的な成果だと評価されています。

ただし、この考え方は静止画の認識ではうまくいきますが、ものが動いていても認識できるのかという問題がありました。

ホーキンスは、その問題を解決するアイデアを具体化しようと考え、カリフォルニア大学バークレー校で知り合った、ディリープ・ジョージというインドから来た学生と共同研究を始めます。２００５年に共同でヌメンタを設立し、「ＨＴＭ理論」の本格的な開発に取り組みました。ホーキンスがジョージにアイデアを提供し、ジョージが数式化、プログラム化を担当したようです。おそらくホーキンスは数学にあまり強くないのでしょう。つまり、HTM理論の実質的な開発者はジョージです。

しかし、2010年になってホーキンスは、HTM理論をジョージの開発した理論よりさらに大脳生理学的観点から脳に近い理論に転換します。これが、HTM-CLAと呼ばれるものです。そこで、ジョージはヌメンタをやめて、別な会社をつくります。それが後で紹介するヴァイカリアスです。

アカデミズムの冷評とIBMの支援

ところで、ホーキンスのHTM-CLAは、学会では評判がよくありません。その理由のひとつに、わかりにくさがあります。ディープラーニングや、HTM-CLAのもとになったジョージのHTM理論も、難しいとはいえ、数式で表すことができます。しかし、HTM-CLAは脳のニューロンやシナプス結合をそのまま直接的に表現するので、既存の数式で表すことができません。もちろんアルゴリズムはあるので、コンピュータのプログラムにすることはできます。しかし、現在知られている明確な数学の式として書くことが、少なくとも今のところできないのです。

このため、多くの人が数学的なバックグラウンドがないと批判しています。私は、その批判は多少不当なところがあると思うのですが、ホーキンスは学者ではないので論文がありません。批判するのはアカデミズムの人ですから、いくら口で言ってもダメで、論文を書かないと認めないのですね。そもそも企業人は、大学人にはあまり信用されないという傾向もあります。

ジョージのつくったHTM理論のアルゴリズムは、ゼータ1アルゴリズムと呼ばれています。これには何十という論文があり、その中には文字や数字の読み取り、株の予測、音声認識、デザインの良し悪しの判断、耕地の判定など、比較的実用的な研究もあります。これらを見ると、ゼータ1アルゴリズムでも、ディープラーニングと同等のことができるようです。

ところが、ホーキンスのHTM-CLAに関する研究論文は数編しかありません。しかもそれらは学生の修士論文です。

ホーキンスは有名人ですから、いろいろな会議にも呼ばれるのでしょう。たくさんの公開講演を行なっていて、その動画をユーチューブで見ることができます。そこで彼は、自分の開発した理論を、ほかの人、とくに若い人に研究してほしいと訴えかけています。ヌメンタがメーリングリストをつくったり、ソフトウェアの開発コンテストを実施したりした効果もあって、彼の周りにそれなりに人は集まってきています。メジャーな学者はいませんが、少なくとも若者は興味をもっているようです。

そして最近、ＩＢＭがホーキンスのＨＴＭ-ＣＬＡに目をつけました。ＩＢＭのウィンフリード・ウィルケという大御所エンジニアが、ホーキンスの情熱的なプレゼンに感化されたようです。今のところ、ウィルケはホーキンスを支持する唯一のメジャーな人物かもしれません。じつは私も、ホーキンスのプレゼンをユーチューブでかなり聴いた結果、彼の情熱に心を動かされ、考えに納得したひとりです。

ＩＢＭは、ウィルケを所長に１００人体制のコーティカル・ラーニング・センターを開設し、そこでホーキンスらがつくったプログラムを、新たに書き直しているようです。元のプログラムがあまりうまく書かれていなかったのかもしれません。ＩＢＭとヌメンタは作業を分担し、壮大な研究計画をつくっています。たとえば、画像認識では10万枚の画像を集めてきて読みこませるということをやっているようです。私はこれを知って、HTM-CLAの可能性は大きいと感じました。

ただし、いくらIBMがソフト面で優れていても、最終的にはハードウェア化しないと計算のスピードが上がりません。そこで、ウィルケらはハードウェア化に取り組んでいます。しかし、ペジーコンピューティング（PEZY Computing）の齊藤元章さんによれば、ウィルケの方法は、高集積化の点で難しさを抱えているそうです。逆に日本はソフト面では遅れていますが、ハードウェアでは他国に対抗できる可能性があり、チャンスがあると思います。それに関しては、後で詳しく述べます。

秘密に包まれたヴァイカリアス

ヴァイカリアスは、先に述べたとおり、もともとヌメンタにいたディリープ・ジョージが独立して設立した人工知能ベンチャーです。ジョージはジェフ・ホーキンスと共同で、HTM理論を開発した人物です。ところが、2010年にホーキンスは、ジョージのつくったゼータ1アルゴリズムを捨てて、大脳生理学的観点からより脳に近いHTM－CLAに移行しました。ジョージはおそらくこれに不満だったのでしょう。そこでスコット・フェニックスという人物と共同で新会社ヴァイカリアスを設立します。ヴァイカリアスには、アメリカの有名な起業家イーロン・マスクも投資しています。

しかし、彼らが今までに発表した業績は1つしかありません。それは、人工知能でキャプチャ（CAPTCHA）という画像認証をクリアしたというものです。キャプチャとは、ウェブサイトの入力フォームなどで、入力者がボット（人間に代わって作業を行なうコンピュータ・プログラム）ではないことをチェックするため、表示される画像の中にある数字や文字を認識させて、ユーザに入力させるプログラムです。ジョージの開発したアルゴリズムは、キャプチャの数字や文字を、人間と同じように認識できたのです。

ヴァイカリアスが開発しているアルゴリズムは非公開ですが、私は、おそらくHTM理論を拡張したものだと思います。HTM理論はジョージの博士論文ですから、それをまったく捨てることはないと思うからです。

ジョージは自分の新しいアルゴリズムをリカーシブ・コーティカル・ネットワーク

（Recursive Cortical Network）と呼んでいます。これとは別に、リカーシブ・ニューラル・ネットワークという技術がありますので、それに似た発想のものかもしれません。もっとも、内容は秘密のため、私の推測にすぎませんが。

ヴァイカリアスに対する投資家の評判はひじょうによいようです。投資家は学者ではありませんが、アルゴリズムの説明を受けて納得し、少なくとも投資に値すると認めているということです。

今のところ世の中の主流は、ディープマインドが行なっている強化学習（取るべき答えに近いほど高い「報酬」を与えるという人工知能の学習手法）を使ったディープラーニングとヤン・ルカンの畳み込みニューラルネットワークで、傍流がＨＴＭ理論とその改良版アルゴリズムという位置づけでしょう。ＨＴＭ理論は、ＩＢＭが認めているので傍流といえども侮れません。それどころか、私自身はこの傍流こそ、主流になるのではないかと想像しています。

ヴァイカリアスは、２０２８年まで研究開発をステルスモード、すなわち、非公開で進めると公言しています。このため、どんなことをやっているのか、どれくらい進んでいるのかは、よくわかりません。彼らのステルスモード研究が終了する2029年に、突如、今までにない圧倒的な性能をもった汎用人工知能が現れる、という可能性もあるのです。

日本発の汎用人工知能をめざす全脳アーキテクチャ勉強会

ここまで、海外の取り組みを見てきましたが、遅れていた日本でも、汎用人工知能開発に向けた本格的な動きが出てきました。その代表的なプロジェクトが、産業技術総合研究所の一杉裕志さん、ドワンゴ人工知能研究所の山川宏さん、東京大学の松尾豊さんの3人が中心となって2013年に立ち上げた、全脳アーキテクチャ勉強会です。

全脳アーキテクチャ勉強会の参加者は、のべ2000人に上るそうです。また、人工知能の研究をよりオープンに進めようという方針から、全脳アーキテクチャ・イニシアティブというNPOも発足し、現在、会員を募集しています。このNPOの代表は山川さん、副代表は松尾さんと理化学研究所の高橋恒一さんが務めています。

「全脳アーキテクチャ」の基本的な考えは、人間の脳の機能は、それぞれ明確に定義できる機械学習器が組み合わされてできているというものです。すなわち、人間の脳のさまざまな部分、つまり大脳、小脳、海馬、基底核、扁桃核などと同等の人工の機械学習器をつくって、それらを組み合わせれば、人間の脳と同等かそれ以上の汎用人工知能をつくることができるという考えです。

一杉さんは、以前からBESOMと呼ばれる、大脳新皮質をヒントにした機械学習アルゴリズムを開発していて、山川さんは海馬の計算モデルを研究してきました。松尾さんは人工知能だけではなく、ウェブ上のデータ分析やビッグデータの分析を手掛けており、最近はディープラーニングに関して、メディアにも引っ張りだこです。

しかし、人間並みの汎用人工知能を実現するといっても、そう簡単ではなく、まだ多くの研究が必要です。しかし、以前、一杉さんとお話しした時、「人間の脳のしくみは、一般の人が思っている以上に解明されています。これまでに書かれた論文を調べるだけでも十分な情報が得られます。後は、それらの中から適切なものを取り出して、組み合わせるだけです」と言っていました。一杉さんは、汎用人工知能は、真剣に取り組めば、必ず実現できる、とみているようです。

「全脳アーキテクチャ」の活動は、日本発のユニークな人工知能研究として有望だと思いますが、脳全体を再現することが果たして必要なのかについては、意見が分かれるところでしょう。たとえば、ホーキンスのHTM理論は、人間の脳を再現するというアプローチは同じですが、大脳新皮質しか扱っていません。たしかに、人間と接するサービス・ロボットのようなものをつくるなら、運動やある種の感情を再現することも必要かもしれません。しかし、「純粋な思考機械」としての人工知能なら、私は大脳だけでいいのではないかと考えています。このあたりは、どちらかが絶対的に正しいというのではなく、人工知能をなにのために開発するのか、という目的の違いでしょう。

ようやく動き出した日本政府

人工知能に関してはあまり感度がよくなかった日本政府も、最近になって急に動きが出てきました。2015年1月には、総務省が人工知能に関する研究会を立ち上げました。

研究会の開催要項には「2045年にはコンピュータの能力が人間を超え、技術開発と進化の主役が人間からコンピュータに移る特異点（シンギュラリティ）に達することも議論される」とあり、「シンギュラリティの研究会を省庁が開いた」と話題になりました。この研究会には、全脳アーキテクチャ勉強会の発起人のひとりである松尾豊さんもメンバーとして参加しています。

また、経済産業省は、産業技術総合研究所に新たに人工知能研究センターをつくり、ビッグデータ分析を行なう人工知能と、脳型人工知能の研究開発を始めました。脳型人工知能の研究を主導しているのは、先ほど紹介した、全脳アーキテクチャ勉強会発起人の一杉さんです。

さらに、２０１５年の夏には、文部科学省も人工知能研究に10年間で１０００億円をあてる方針を発表し、次年度の予算概算要求に１００億円を盛り込みました。こちらは理化学研究所が中心になるようです。１００億円というとかなり大きな金額に思えますが、先にふれたグーグルはネスト買収だけでも約３２００億円を投資したといわれます。これから類推すると、アメリカの民間企業だけでも年間約1兆円に届きかねません。国全体で比較すると、アメリカと日本の人工知能開発に対する投資は、はっきりした数字はわかりませんが、100対1もの大差がついている印象です。この投資額の差は、これまでのところ、研究論文の数の差にそのまま現れてしまっています。

ただ、日本はアメリカなどの諸外国にまったくかなわないのかというと、そうでもありません。日本には「柔よく剛を制す」という言葉もありますから、今後は少ない予算で大きな成果を生む知恵に期待したいと思います。アカデミズムの世界にいた私としては、まず、人工知能分野で世界的に注目される学者が現れてきてほしいと願っています。

企業が主導する人工知能開発

先に見てきたとおり、世界の人工知能開発は、企業主導で進んでいます。しかも、製造業以外の企業のほうに存在感があるようです。人工知能開発の最先端を行くグーグルは、言うまでもなく、情報産業に属する企業です。マイクロソフト、フェイスブックもそうです。アマゾンは、基本的には流通業です。アメリカでは、アップルとＩＢＭが、人工知能開発の先頭を行く企業の中で、数少ない製造業の企業といえるでしょう。

一方、日本で人工知能開発に真剣に取り組もうとしている企業には、たとえば、ドワンゴがあります。あの「ニコニコ動画」を運営している企業ですね。会長の川上量生《のぶお》さん直々に「ドワンゴ人工知能研究所」を立ち上げ、その所長に、山川宏さんが就任しました。山川さんも全脳アーキテクチャ勉強会の発起人です。

ドワンゴは最近、1テラバイトのサーバを人工知能開発のコミュニティに無料で貸し出すサービスをスタートさせ、それが全脳アーキテクチャ・イニシアティブが主催するプログラム開発コンテストで使われました。ここからも、ドワンゴがかなり本気で人工知能開発に取り組もうとしていることがうかがえます。

また、リクルートやトヨタも人工知能研究機関を開設し、シリコンバレーに研究開発拠点をつくっています。

そして、注目したい日本の人工知能ベンチャーが、プリファードインフラストラクチャー（ＰＦＩ）です。このベンチャー企業は、ある国際プログラミングコンテストで優勝した、東京大学と京都大学の学生が興した会社で、優秀な頭脳の持ち主が集まっています。

ちなみに、私の友人の息子さんが、最近、関連会社のプリファード・ネットワークス

（ＰＦＮ）に入社しました。彼は、ドクター（博士課程）の試験に受かっていたのですが、「ドクターに行くと研究に取り残されるから」という理由でＰＦＮのほうを選んだのだそうです。人工知能界は進歩がものすごく速いので、大学の研究室のペースでは追いつかないというわけです。

このように、日本でも人工知能開発では企業が活発ですが、興味深いのは、必ずしも大企業だけでなく、ベンチャー企業もけっこう存在感があることです。

たとえば核開発なら巨大な設備が必要ですが、人工知能開発には不要です。ですから、もしかしたら、どこかの地下室で世界を変えるような人工知能が開発される可能性も十分あります。人工知能は頭脳さえあれば開発できるのですから。

世界トップ3を独占した注目のベンチャー

ここまで、人工知能開発のさまざまなキー・プレーヤーを紹介してきましたが、ほとんどがソフトウェアで人工知能を実現しようというアプローチです。人工知能開発でソフトウェアが重要なことは間違いないのですが、そのソフトウェアを走らせるハードウエアも同じくらい重要です。

じつは、汎用人工知能のハードウェア開発のカギになるかもしれない注目すべき企業は、日本にあるのです。それが、齊藤元章さんが率いるペジーコンピューティング(PEZY Computing)です。正確に言うと、プロセッサ開発を行なうペジーコンピューティングのほかに、プロセッサの冷却技術を開発するエクサスケーラー(ExaScaler)、そして、3次元積層メモリを開発するウルトラメモリ(UltraMemory)の3社が、それぞれの技術を結集して世界最高峰のスーパーコンピュータの開発をめざしています。

通常、プロセッサは、インテルのような大会社が何百人もの技術者と何千億円もの費用をかけて開発するものです。それを齊藤さんは、すべてあわせても50人程度のベンチャー企業で開発しました。これはすごいことです。

齊藤さんらが開発したペジー・プロセッサを搭載したスーパーコンピュータは、2015年6月の「グリーン500」で1位から3位を独占するという快挙を成し遂げました。グリーン500とは、消費電力あたりの性能を競う、〝省エネ〟スーパーコンピュータの世界ランキングです。ただし、〝省エネ〟といっても、グリーン500にランキングされるためには、スーパーコンピュータの絶対性能を競うトップ500に入っていなければならないので、十分高速なスーパーコンピュータといえます。

期待の人工知能プロセッサNSPU

齊藤さんには、別のプロセッサを開発する計画があり、これが実現すれば本当に人工知能界に革命がおこるかもしれません。私はこれこそ、日本の人工知能開発の切り札になると予感しているのです。それは、ニューロ・シナプティック・プロセッシング・ユニット（NSPU）と呼ばれるものです。

NSPUは、人間と同じように、学習と判断を同時に行なえるような、世界初のハードウェアになる可能性があります。しかも、その規模がすごいのです。

コンピュータ・プロセッサの中で、演算を行なう心臓部は「コア」と呼ばれています。そして、コアとコア、コアとメモリをつなぐ信号線が「インターコネクト」です。これを脳と対比させると、コアは脳のニューロン、インターコネクトは脳のシナプス結合に相当すると言えるでしょう。

人間の大脳にはニューロンが１００億、小脳まで入れると１０００億あるといわれています。１つのニューロンにはおよそ１０００から1万個のシナプスがありますから、１０００億個のニューロンに、それぞれ１０００のシナプスがあるとすれば、シナプスの総数は１００兆個です。

齊藤さんの目標は、このＮＳＰＵを使って、１０００億個のコアと１００兆個のインターコネクトをもったコンピュータをつくり、それを、０・８リットルほどの大きさに収めようというものです。これは、１人の人間の脳に相当するニューロンとシナプス結合をもったコンピュータができるということを意味します。それを今から10年以内に実現しようというのです。

しかも、コンピュータ内で電気信号が伝わる速度は、人間の脳の信号伝達に比べて圧倒的に高速です。そのことも考慮すれば、６リットルほどの大きさに、世界の総人口73億人分の脳に相当するハードウェアが収まることになる、と齊藤さんは言います。

これは衝撃的です。６リットルに73億人の知能とまではいかなくても、仮に１０００万人でも、すごいことには変わりはありません。まさに、次章で述べるシンギュラリティです。

これは途方もない計画に思えますが、齊藤さんにはグリーン500のトップ3を独占したという実績があるので、私にはけっして大言壮語には思えません。日本の、いや世界の人工知能開発の将来は、このNSPUにかかっていると私は確信しています。

４章

シンギュラリティがやってくる

――人工知能が全人類の能力を超える日

前章で述べたように、現在、世界中で熾烈な人工知能開発競争が繰り広げられています。その結果、人工知能の能力はどんどん高まっていくでしょう。そして、いずれ、人工知能の能力が、私たち人類の知能を上回るという未来予測があります。これは、シンギュラリティ（技術的特異点）と呼ばれています。

シンギュラリティとは

シンギュラリティとは、本来は数学の用語で、関数の値が無限大になる場所を指します。日本語では「特異点」と呼ばれます。たとえば、y＝1／xという関数では、x＝0でyが無限大になりますから、x＝0がシンギュラリティです。

このシンギュラリティという言葉を、人類の社会発展が予測できなくなる時点、という意味で最初に使ったのはジョン・フォン・ノイマンだといわれています。ノイマンは数学・物理学・工学・経済学・心理学など、さまざまな分野で才能を発揮した20世紀科学史の最高の天才のひとりで、現在、私たちが使っているコンピュータの基礎概念をつくったのも彼です。現在、普及しているタイプのコンピュータは、ノイマン型コンピュータと呼ばれています。

数学者スタニスワフ・ウラムは、ノイマンとの会話を次のように書き残しています。「ある時、進歩が速まる一方の技術と生活様式の変化が話題となり、どうも人類の歴史においてなにか本質的な特異点が近づきつつあって、それを超えた先では我々が知るような人間生活は、もはや持続不可能になるのではないかという話になった」。シンギュラリティという概念が、歴史上初めて書き記されたのはこの時です。

グッドの「知能爆発」とヴィンジの論文

一方、イギリスの数学者、I・J・グッドは、「知能爆発」という現象を予想しました。グッドは、アラン・チューリングの同僚です。

ちなみに、チューリングは、コンピュータの基礎であるチューリングマシンの提案、人工知能が意識をもっているかどうかのテストであるチューリングテストなどで知られる20世紀初頭のイギリスの科学者です。彼は、エニグマと呼ばれるナチスの暗号を解読したことでも有名で、その経緯は映画『イミテーション・ゲーム』などに描かれています。グッドは当時、チューリングの下で暗号解読の作業を手伝っていました。

１９６５年にグッドは、将来、人間と同程度の知能をもったコンピュータができるという未来予測を発表しました。

グッドは、「そのようなコンピュータができれば、自分自身で人工知能のプログラムを書き換えることができるようになるかもしれない。それはつまり、人工知能プログラムが、自分より能力の高いプログラムをつくれるようになるということだ」と考えました。プログラムのコピーは、いくらでもつくれるわけですから、そのコピーたちが協力すると、あっという間に人工知能は賢くなり、あっという間に人類よりはるかに高い知性をもった超知能に進化する。グッドはそのように考え、この現象を「知能爆発」と名付けました。

グッドはさらに、人工知能のプログラムは人類最後の発明になり、「知能爆発」以降は、すべての発明は人工知能が行なうようになると予測したのです。

また、「シンギュラリティ」という概念をきっちりと論文で提唱したのは、アメリカの数学者でSF作家でもあるヴァーナー・ヴィンジです。彼がシンギュラリティという概念を提案した最初の文献は、1980年代に書かれています。

ヴィンジは、シンギュラリティという言葉を、一般相対性理論から引いてきました。一般相対性理論におけるシンギュラリティ、すなわち特異点とは、曲率が無限大になる場所として定義され、そこでは方程式が破綻します。すなわち、それより向こうは予測できないということを意味しています。この特異点＝シンギュラリティという言葉を、ヴィンジは「シンギュラリティがおきた時点より先は予測できない。人類の歴史はどうなるか見当もつかない」という意味で使ったわけです。

シンギュラリティの伝道師、カーツワイル

近年、シンギュラリティという言葉を世界的に広めたのが、アメリカ人のレイ・カーツワイルです。彼は実業家であり、発明家でもあって、フラットベッドスキャナやシンセサイザ、ＯＣＲソフトなど、さまざまなものを考案しています。音声合成や音声認識技術にも取り組み、現在のＳｉｒｉのもとになるような音声認識技術を開発したといわれています。２０１２年にグーグルに入り、機械学習や自然言語処理などに取り組んで

いるようです。

カーツワイルは未来学者でもあり、1980～90年代にかけて、たくさんの未来予測の本を著し、その中で、2045年にシンギュラリティがおこると主張してきました。

その根拠のひとつが有名なムーアの法則です。インテルの共同創業者、ゴードン・ムーアは1960年代に、「集積回路上のトランジスタの数は、1年半で2倍になる」と言いました。ムーアの法則は技術予測ではありますが、インテルの経営理念といってもいいでしょう。ムーアの発言後、インテルはムーアの法則を実現しつづけるために、飽くなき技術改善を重ねています。

カーツワイルはムーアの法則を拡張し、集積回路だけでなく、この宇宙のあらゆるものが、指数関数的に進化することを、さまざまなデータを使って証明しました。彼は、この宇宙の主要な出来事のおこる間隔が、時が進むにつれてどんどん短くなっていることを示しました。

カーツワイルの主張を確かめるため、宇宙誕生から現在までの歴史を簡単に追ってみましょう。137億年前におきたビッグバンによってこの宇宙が誕生し、その約30万年後に初代の星が生まれました。それから数億年をかけて、それらの星が集まり、銀河ができました。太陽系ができたのは今から46億年前で、地球も同じ時期にできました。生命の誕生は30億年前、生物種の数が急激に増えたカンブリア爆発がおきたのが、5億数千万年前です。恐竜が滅んだのが今から6500万年前、最初の人類は600万年ほど前までに誕生したといわれます。

そして、氷河期が終わって人類が農業を始めたのは今から約1万年前で、最初の文明が現れたのは5000年ほど前、古代ローマ帝国の成立は約2000年前です。情報の普及に貢献した活版印刷機の発明は約600年前、産業革命は約250年前、コンピュータの発明は約70年前で、インターネットのウェブサイトの誕生は数十年前です。そして、スマホ時代を拓いたｉＰｈｏｎｅの登場は2007年。

このように、地球史・人類史の中の主要な出来事のおこる間隔はどんどん縮まってきていると、カーツワイルは指摘しました。そしてこれは、ある発明が他の発明と結びつくことで、次の主要な発明が生まれる期間を短縮するからだと考え、収穫加速の法則と呼びました。

カーツワイルのこの法則を延長していくと、２０４５年頃には世の中の変化はものすごい速さになると予想されるのです。わかりやすくたとえるなら、現在はｉＰｈｏｎｅのモデルチェンジは１年に１回程度ですが、２０４５年には１秒に１回モデルチェンジがおこるような速さです。

カーツワイルはまた、このような急速な変化の原動力としてＧＮＲ革命を主張しています。ＧＮＲとは遺伝学（Genetics）、ナノテクノロジー（Nano-technology）、ロボット（Robot）の頭文字をとった言葉です。これらの技術がこれからの世界を急速に変えていくというわけです。

具体的にいうと、たとえば遺伝子改変技術によって、さまざまな病気を治したり、人間の寿命を延ばしたりできるようになります。また、赤血球くらいの大きさのロボット「ナノボット」が人間の体内に入り込み、がん細胞などを殺したりできるようになるでしょう。さらに、ナノボットを人間の脳内の血管に送り込み、人間の脳の中でニューロンの電位を測定して人間がなにを考えているかを外に伝えたり、逆に外からの情報を直接脳に送り込んだりできるようになる、といった予測をしています。

文明の時間的変化

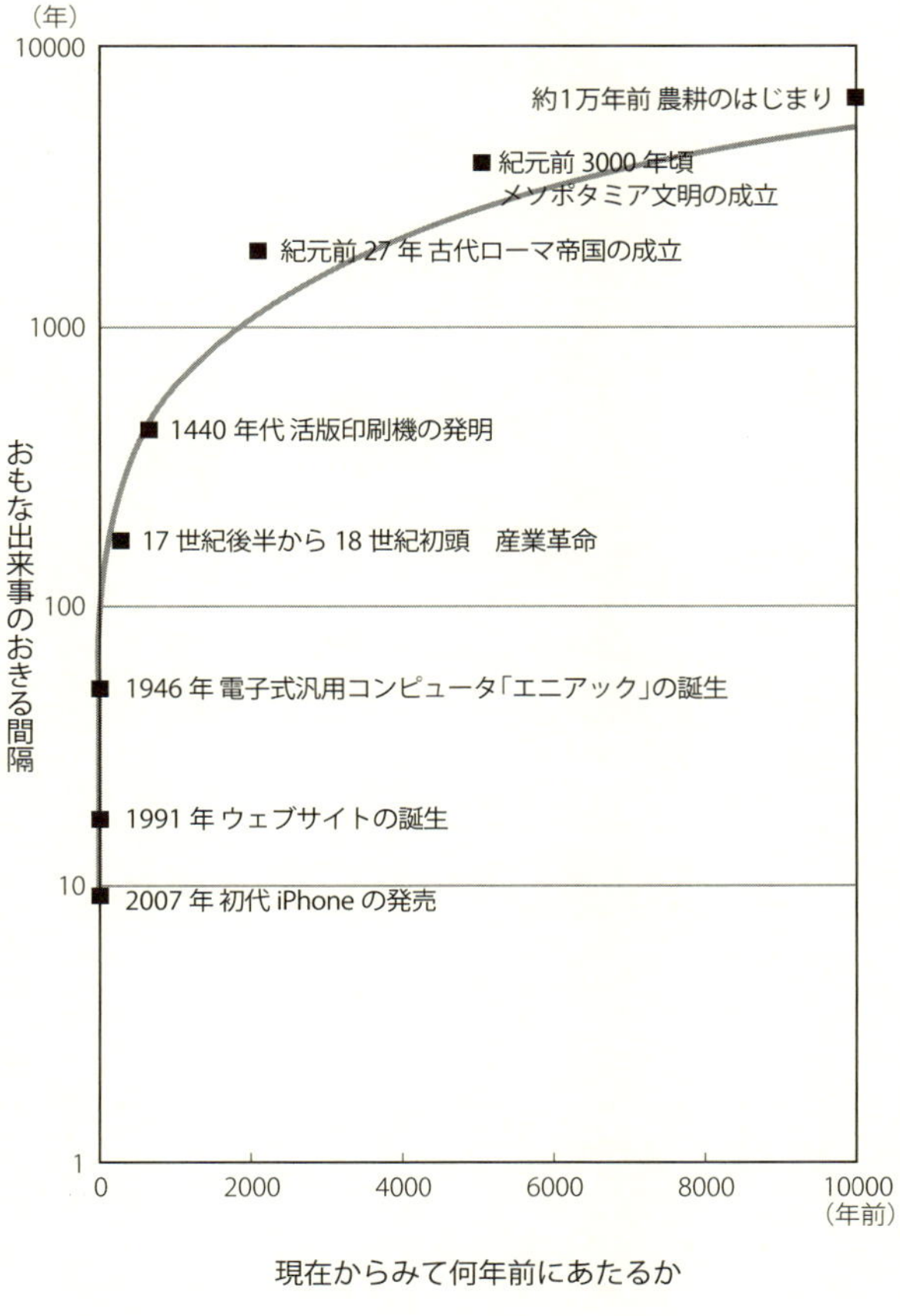
(年)
10000
1000
100
10
1
おもな出来事のおきる間隔
約1万年前 農耕のはじまり
紀元前 3000 年頃
メソポタミア文明の成立
紀元前 27 年 古代ローマ帝国の成立
1440 年代 活版印刷機の発明
17 世紀後半から 18 世紀初頭　産業革命
1946 年 電子式汎用コンピュータ「エニアック」の誕生
1991 年 ウェブサイトの誕生
2007 年 初代 iPhone の発売
0
2000
4000
6000
8000
10000
(年前)
現在からみて何年前にあたるか

カーツワイルはまた、将来の人間は死ななくなると言っています。その方法のひとつは今述べたような、遺伝子の改変による寿命の延長です。しかし、この方法では永遠の不老不死まではいかず、せいぜい寿命が１０００年に延びるくらいでしょうか。

じつはカーツワイルは、もうひとつ別な不老不死の方法を予測しています。それが、人間の意識をすべてコンピュータに入れるマインド・アップローディングです。ナノボットを利用して人間の意識を取り出し、それをクラウド上にある巨大なコンピュータに転送すれば、意識を含めたすべての人格がコンピュータ・ネットワーク上に形成されるはずだと、彼は考えています。映画『トランセンデンス』は、まさにこのカーツワイルの発想を映画化したものです。

ただし、私はカーツワイルのこの予測には懐疑的です。お話としては面白いのですが、実現するためのハードルが高く、正直言って、現在の技術ではどう実現すればいいのか誰にもわからないでしょう。私自身は、もっと現実的な方法でシンギュラリティを実現できると考えています。そのことについては、後の章で詳しくお話ししましょう。

プレ・シンギュラリティは2029年

シンギュラリティはいつおこると予測されているのでしょうか。さまざまな見解がありますが、ここではまず海外の識者が考えている標準的な予測を紹介しましょう。

まず、2029年はシンギュラリティ予測においてひじょうに象徴的な年です。この年は1人の人間と同等の強い人工知能、つまり、人間のように物事を考えることのできる人工知能ができる年だとカーツワイルは予測しています。

私は、1人の人間と同等なコンピュータの能力を「1H（1エッチ）」と呼んでいます。「H」とはヒューマン（human）、つまり人間のことで、チューリングテストに合格する能力です。

チューリングテストとは、すでに述べたように、アラン・チューリングが考案したテストです。ある人工知能が人間と同じくらい知的かどうかを判定する方法で、次のように行なわれます。人工知能を壁の向こう側に置いて、こちら側から人間がその人工知能と〝会話〟をします。その〝会話〟だけで、壁の向こう側にいる会話の相手が人間なのか人工知能なのかをはっきり区別できなければ、それは「〝人間と同等に知的〟とみなしていいだろう」というものです。なお、声でやりとりするとそれだけで人間かどうかわかってしまうので、〝会話〟はタイプで行ないます。

もし、人間と区別がつかなければ、その人工知能は意識をもっていると考えることもできます。これは意識のひとつの定義であって、必ずしも現在の人工知能研究者が納得しているわけではありませんが。

カーツワイルは、このチューリングテストをパスする人工知能、すなわち人間と同等に知的な人工知能が、2029年にできるだろうと、予測しています。この時をプレ・シンギュラリティと呼ぶことにしましょう。

ちなみに、2014年6月、ロシア人のつくった人工知能が、チューリングテストにパスしたということで話題になりました。ただ、このテストは少し甘くて、5分間で30%の人間が判別できなければよいというゆるい判定基準だったので、多くの科学者はまだ意識をもつような人工知能ができたとは思っていません。カーツワイルは、2時間ぐらいかけて〝会話〟するテストを想定しています。そこまで時間をかけても人間か人工知能かの判断がつかなかったら、知的だと認められるでしょう。

２０２９年はまた、士郎正宗のマンガ『攻殻機動隊』で攻殻機動隊が創設される年でもあります。カーツワイルが予言したプレ・シンギュラリティの年と、攻殻機動隊が創設される年が、偶然とは言え、一致するのは興味深いことです。あるいは、前章で紹介した人工知能ベンチャー、ヴァイカリアスは、２０２８年までステルスモード、すなわち非公開で人工知能を研究すると宣言していますから、２０２９年に突如として人間と同等の能力をもった人工知能を世界に発表するかもしれません。どうも２０２９という数字はマジック・ナンバーのようです。

2029年までにおきること

２０２９年までにおきることについては、現在の延長線上で、ある程度の予測がつきます。

まず、現在実用化が進んでいる専用人工知能とロボットが同時に急速に発達するでしょう。これらは、人間のような意識はもちませんが、スキルにおいては特定の分野で人間をはるかに凌駕するでしょう。こういう機械のことを、アメリカのITアドバイザリ会社ガートナーはスマートマシンと呼んでいます。

次に、スマートマシンの発達は、それぞれの分野に恩恵をもたらす一方、いわゆる技術的失業と呼ばれる問題がより顕著になるでしょう。機械に仕事を奪われるという問題です。最近すでにコールセンターの業務が人工知能に置き換わりつつあります。オックスフォード大学のある研究者は、今後10年から20年の間にアメリカの職業の47%がコンピュータ化され、証券トレーダーや弁護士の助手、ホテルのフロント係、訪問販売員、苦情処理係などの仕事も失われると予測しています。

これから日本でも同じように失業者があふれるのかというと、アメリカとは少し状況が違うでしょう。日本では今後、確実に労働者人口が減っていきますから、技術的失業より人手不足のほうがより深刻な問題になると予測されます。つまり、人手不足が、人工知能の発達による技術的失業をある程度相殺すると考えられます。そのため日本では、機械に仕事を奪われるという事態は、さほど深刻化しないかもしれません。むしろ、将来の生産力を維持するために、人工知能の活用はひじょうに重要なカギとなります。

2045年に訪れるシンギュラリティ

次のマイルストーンが2045年、カーツワイルが、シンギュラリティがおきると予測している年です。シンギュラリティとは、全人類に匹敵するような超知能ができる時点のことです。現在の世界人口は約73億人ですが、2045年には80億〜100億人になると予測されています。それに相当する、ものすごいパワーをもった人工知能ができる時が、カーツワイルのいうシンギュラリティなのです。

ところで、カーツワイル以外の専門家は、シンギュラリティのようなことがおきると考えているのでしょうか。また、おきるとすれば、いつおきるとみているのでしょうか。

オックスフォード大学の教授、ニック・ボストロムが行なった、興味深い調査があります。彼は、人工知能やその周辺領域の専門家を対象に「シンギュラリティがいつおきると思うか」、すなわち「全人類と同等の超知能ができるのはいつ頃か」というアンケート調査を実施し、自著『超知能』で紹介しています。

その調査の結果、2020年代におきるとする回答が10%、2040〜50年におきるとする回答は50%だったそうです。すなわち、2045年というカーツワイルの予測は、専門家の標準的な予測だということです。

一方で、「シンギュラリティは未来永劫おこらない」という回答は10%でした。全体的に見れば、90%の専門家がシンギュラリティは21世紀中には訪れると考えているというのが、ボストロムの調査結果です。

シンギュラリティ後の世界

では、シンギュラリティ後の世界はどうなるのでしょうか。これについては、「その先はわからない」というのがシンギュラリティのそもそもの定義ですから、わからないということになります。しかし、なんらかの予想を立てることならできます。

これには極端な2つの立場があります。ひとつは、楽観的・ユートピア的な世界観です。これはカーツワイルが主張しているもので、人類のあらゆる問題が解決されて天国のような世界になるという予想です。

たとえば、人間は不老不死、すなわち死ななくなるといいます。具体的な方法としてカーツワイルが予想しているのが、先に紹介したマインド・アップローディングです。この方法が確立すれば、人間の肉体はなくなっても、精神は不滅となります。

一方、まったく逆の、悲観的・アポカリプス的世界観もあります。ちなみに、アポカリプスとは、新約聖書の最後にあるヨハネの黙示録の中に出てくる言葉で、ハルマゲドンと呼ばれる世界最終戦争がおきる、この世の終わりを指します。

この世界観に立つ人は、超知能が人類を滅ぼすとか、人類は超知能の奴隷になるといった人工知能脅威論を唱えます。映画『ターミネーター』や『マトリックス』で描かれた世界といえるでしょう。

人類にとっていいことか

たとえば、アメリカの有名な起業家イーロン・マスクは、あるオンラインメディアに「人工知能は潜在的に核兵器より危険」と投稿しました。また、理論物理学者のスティーブン・ホーキングは、映画『トランセンデンス』を引用して、人工知能開発は「人類史上最悪の過ちになるかもしれない」と述べています。

両者とも、それぞれの分野では最高峰の専門家ですが、人工知能の専門家ではありません。彼らは、人工知能の脅威を過大評価しています。超知能を擬人化し、人間中心主義で考えているのです。まるでハリウッド映画のようです。その意味で、人工知能脅威論はハリウッド的世界観だともいえるでしょう。

ニック・ボストロムは、「シンギュラリティは人類にとっていいことか」という別なアンケート調査も行なっています。その結果、「シンギュラリティは人類にとっていいことだ」と回答した専門家は約60％でした。いいこととは言えないまでも、「悪影響はない」と回答した人まで含めると75％です。一方、「シンギュラリティは人類にとってよくない」という専門家は、10％しかいませんでした。

つまり、マスクやホーキングのいう人工知能脅威論に賛成する専門家は10％しかおらず、逆に60％は楽観的な将来予測をもっているということです。これは、ハリウッド的な人工知能をつくることがいかに困難かを専門家はよく知っているからです。専門家は、超知能を恐れるのは『ターミネーター』や『マトリックス』のようなSF映画の世界の話、あくまでもおとぎ話だと考えているわけです。

それにもかかわらず、専門家以外のアメリカ人の間では人工知能脅威論が蔓延しているようです。そこで、ＩＢＭは、ワトソンのことを「人工知能」とは呼ばずに「認知コンピューティング」と呼んでいます。これは、人工知能脅威論のせいで、「人工知能」という言葉によい響きがないため、別の言葉を使っているのでしょう。

ところで、先のマスクは、３章で紹介したディープマインドとヴァイカリアスに投資しています。もしこれらの企業が成功すれば、彼は当然、利益を得られます。つまり、マスクは、一方で人工知能脅威論を唱えながら、他方では人工知能での金儲けを考えているわけです。もっとも彼は、「投資は金儲けのためではなく、人工知能開発でなにがおこるかを監視しているのだ」と言っていますが、それは言い訳でしょう。

なお、マスクは最近、少し方向を変え、人工知能すべてに反対するのではなく、殺人兵器に人工知能を応用するのはやめるべきだと主張するようになっています。この意見には私も賛成です。

一家に1台超知能

シンギュラリティ後の世界について、私は先に述べた2つの極端な予測とは違う世界、すなわち、ユートピアでもなく、ディストピアでもない、その中間にある現実的な世界を想定しています。超知能ができても、人類は変わらず存在するような未来、つまり、現在とそれほどは違わない未来になるという予想です。少なくとも、超知能が突然現れて人類を滅ぼしてしまうとか、超知能のおかげで人類のあらゆる問題が解決して天国のような世界になるとかそういうことはおこらないでしょう。

たとえば、「一家に1台超知能」の時代がくるのではないでしょうか。超知能を開発した企業は、それを商品化して大儲けを狙うはずだからです。もちろん最高レベルの超知能は、自らの技術的優位性を守るために企業秘密ですが、〝そこそこ〟の超知能を商品化し、一般の家庭レベルにまで普及させようとするでしょう。インターネットのように、生活になくてはならないものになるのかもしれません。人々はメガネ型のウェアラブル・デバイスやインプラントを脳内に埋め込むことによって、クラウド上の超知能と常時接続され、実質的な知能指数が200、あるいは300にまで達するでしょう。

ギリシャ・ローマ時代の再来

さらに、産業技術総合研究所の一杉裕志さんは、将来、人は働かなくてよくなる、と予想しています。ギリシャ・ローマ時代の再来です。

もっとも、ギリシャ・ローマ時代は、すべての人間が楽しい生活を送っていたのではなく、市民と呼ばれていた人々、すなわち、兵士になることができる成人男性だけが学問やスポーツ、遊びを楽しんでいました。生産活動は奴隷が担っていたのです。

現代社会では他の人間を奴隷にすることは不可能ですし、女性や子どもも含めたすべての人間が平等でなくてはなりません。その前提でギリシャ・ローマ時代のような状況を現代に再現するにはどうすればいいのでしょうか。

まず、人々の基本的な収入はベーシックインカムという形で政府が保障することになるでしょう。その財源となる税金は人工知能を搭載したロボットが生産活動を行なって政府に払い、それを国民に分配するのです。こういう形なら、人間が働かなくてもよくなる時代が本当に実現できる可能性はあります。

このような予想の下では、現在のニートや引きこもりは、もしかしたら時代の最先端を行く人たちといえるかもしれません。もっとも、ニートや引きこもりが、学問をしているとはかぎらないので、少し違うかもしれませんが。

また、未来は総カルチャーセンター化すると私は予想しています。人間はなんらかの創造的活動をしないと生きていけない性質をもっています。ただ遊んでいてもいい、と言われてもやっぱり退屈してくるのです。そこで、将来の人間は趣味に没頭することになるでしょう。たとえば、茶道や華道などの趣味がありますが、そういう趣味をたしなむには先生が必要です。そこで、すべての人々がカルチャーセンターに行って、茶道・華道や英語、バレエなどを習うのです。

落語に「あくび指南」という噺があります。町内に「あくび指南所」ができ、そこへ行ってみると、品のよい老人が出てきて「一文も価値のないあくびを風流な芸事にすることに価値がある」と言う。そして、その老人から、さまざまな状況に応じたあくびの方法を習うという噺です。今なら、奇想天外な冗談でしかありませんが、30年先のシンギュラリティ後の世界には、「〇〇流あくび師」も現実になるかもしれません。

シンギュラリティの意義

超知能をつくり、シンギュラリティをおこす意義はどこにあるのでしょうか。

神戸大学の塚本昌彦教授は、「超知能ができること自体が重要なのではなく、超知能ができることで科学技術が爆発的に進歩することに意味がある。それがシンギュラリティの意義だ」と言っています。私も、この意見に賛成です。

たとえば将来、超知能によって環境問題やエネルギー問題が解決するかもしれません。未来の社会が、ユートピアになるのかディストピアになるのかはわかりません。それは超知能の問題ではなく人間次第です。しかし、超知能がもたらす科学技術の発展によって少なくとも世の中は大きく変わるでしょう。そしてその発展は、いくつかの段階を踏むでしょう。その第1段階は、科学論文作成の完全自動化です。

文法チェックレベルの補助機能なら、現在でも一部実現しています。たとえば、作成した論文の文法を修正してくれるジンジャーというソフトウェアがあります。ワードにはスペルチェックの機能があります。しかし、まだまだ十分ではありません。

私たち日本人の書いた英語は、ネイティブから見ればどこか不自然ですから、日本人の書いた論文は海外の国際的に権威ある科学雑誌には通りにくいという側面があります。人間と同様に、論文も中身が重要なのはもちろんのこと、体裁も重要なのです。

不自然な英語表現の是正といった、微妙なところまで目配りのきいた人工知能ができれば、日本人が英語で書いた論文でも通りやすくなるでしょう。あるいは、日本語で話すだけで、英語の論文に翻訳されるという技術も、そのうち実現されるでしょう。3章でご紹介したマイクロソフトのデモンストレーションでは、英語と中国語の間ではすでに実現しているのですから。しかし、日本語はかなり特殊なので、もう少し時間がかかるでしょう。

それはともかく、論文作成の完全自動化は、ある若手の天才的研究者の話に触発された発想です。彼は、論文作成を補助する人工知能なら半年でつくれますよ、と言っています。完全自動論文作成機でも5年くらいあればできると言うのです。彼の目標は、1年で論文を1万編書くことだそうです。話を聞いた時は半信半疑でしたが、人工知能開発の進展ぶりを知った現在では実現可能だと思っています。

今、日本の科学技術研究は危機に陥っています。論文の数が2000年頃を境にどんどん減っています。こういう傾向は世界の主要国で日本だけです。

これを挽回するには超知能の開発しかないと思います。今までなら、優秀な研究者でも1年に2、3編論文を書く程度でしょう。超知能を使って科学者が1人で年間1万編書けるようになれば、画期的です。

科学者は機械に使われる

第2段階では、科学研究自体を人工知能で行なうようになるでしょう。超知能が科学者のアシスタントになるのです。

科学研究というと、ほとんどが非定型的業務だと思う人も多いかもしれませんが、実際にはそんなことはありません。たとえば、化学実験では、どの薬品を混ぜるのかは毎回違っていても、混ぜるという作業はほとんど同じです。科学研究全般においても、基本的なパターンは決まっています。ただ、パラメータが違うだけなのです。

現代の科学のほとんどは、次のように発展してきました。まず天才がいて、今までにない新しいパラダイムを発見します。次に、他の研究者がその分野の研究を始めて、こういう条件だとこうなる、別な条件だとこうなるというふうに、条件を変えてたくさんの研究を行ない、多くの論文を書きます。これを皮肉って「銅鉄主義」と呼ぶこともあります。ある研究者が銅で実験すれば、別の研究者が鉄で実験するという意味です。

しかし、科学者も生活のために仕事をしなければなりません。科学者にとっての〝仕事〟は論文を書くことです。つまり、食べるためには論文を書かねばならないのです。天才が新天地を発見し、他の人はその新天地を開拓していきます。こうして科学論文の山をつくることは、条件をいろいろ変えて、どうなるかを調べていくことと同じです。しかし、どのパラメータを探るかという判断は、いずれ機械が行なうようになるでしょう。

たとえば、ある疾病を治療するための医薬品を見つけたければ、膨大な数の化合物の組み合わせを探索する必要があります。現在はそのような組み合わせを、科学者は力まかせにコンピュータに計算させて探しています。

将来は、たとえば「風邪薬をつくって」と超知能に命じるだけで、関係する文献をすべて調べ、あらゆる化合物の組み合わせや人間の体の反応などをすべて検討して、目的の医薬品が「発見」されるようになるでしょう。ついでに、最新のマーケティングに即した商品のパッケージと広告も一緒に出してくれるに違いありません。

そして、未来の科学者は機械に使われることになるのです。「はい、この試薬とあの試薬を混ぜて。次にこうして……。ああ、それは違いますよ！」などと言われながら、科学研究が行なわれます。

そんな話をフェイスブックに書いたら、ある大学の先生が「そんなことは100年たっても絶対にできない」と反論してきました。私は「それはあなたの研究は、機械にできないようなすごいものでしょうね」と答えました。もちろん皮肉です。科学研究にさまざまなノウハウがあるのは事実ですが、それらを機械に教えてやればいいのです。たとえその先生が教えなくても、他の研究者が教えればできるようになります。

第3段階になると、人間が関与することはほとんどなくなるでしょう。第2段階で科学者が行なう作業は、機械にだってできるわけで、ほとんどの科学研究は自動化できるようになります。人間の科学者として残るのは、新天地を発見できるひと握りのトップ科学者だけでしょう。

芸術分野でも人類を圧倒

これは余談ですが、人工知能が発達しても芸術家は残るだろうと考える人は多いようです。しかし、私はこれも怪しいと思います。

たとえば作曲では、アメリカの音楽学者、ディビッド・コープは、バッハやベートーベンの曲をエミー（EMI）というコンピュータ・アルゴリズムに分析させて、バッハらしい、あるいはベートーベンらしい曲を自動的に作曲することに成功しています。ところが、音楽関係者は「人間らしい心がこもっていない」などといって、エミーを批判しています。おそらく、彼らの仕事を脅かすからでしょう。

そこである時、エミーの作曲したバッハ風の曲、コープの反対者の作曲したバッハ風の曲、ほんもののバッハの曲を聴衆に聞かせて、コンピュータが作曲したものを当てるイベントが行なわれました。その結果、聴衆がコンピュータが作曲した曲だと推測したのは、コープに反対する人物が作曲した曲でした。このエピソードは、コンピュータがつくった曲が人間的ではないというのは、単なる思い込みにすぎないことを教えてくれます。

将来の超知能は、芸術や文学も含めて人間の創造活動はなんでもできるようになるでしょう。たとえば、五七五と形式が決まっている俳句のようなものは、とても簡単です。ちなみに、現在でもＳｉｒｉに「俳句をつくって」と言うと、「俳句など　詠めはしません　あしからず」などと返してきます。

超知能が格差を拡大

超知能の誕生によって、科学技術や創造的な活動が急速に発展するのはたいへん楽しみですが、ネガティブな側面もまったくないわけではありません。

人工知能の利用が悪い方向に進めば、格差を拡大する恐れはあります。特定の国や組織が超知能を独占すれば、そこから生まれる富も独占できるわけですから、超知能をもつ者ともたざる者の格差が広がるでしょう。

この方向の未来世界には、２つの可能性があると思います。

ひとつは強力な国、すなわち、強大な覇権国ができるという可能性です。現状を見れば、おそらくアメリカでしょう。3章で述べたように、現在、アメリカの企業や国が人工知能にかけているリソースは、他国を圧倒しているからです。アメリカが超知能を独占して、世界の覇権を握り、それ以外の国はアメリカにひれ伏すことになるという可能性です。

もうひとつの可能性は、超知能を開発した特定の企業、たとえばグーグルが、国家に代わって世界を支配するというものです。もしグーグルが超知能を販売すれば、それを購入できる金持ちだけが生き長らえるかもしれません。

これは、映画『エリジウム』の世界です。『エリジウム』で描かれた近未来では、宇宙植民島ができて、世界で2万人だけがそこで夢のような生活をしています。一方、それ以外の人々は地球上で悲惨な生活を送っています。

このような極端な格差が、将来、超知能の独占によって生まれる可能性は十分にあるでしょう。しかし、これらはあくまでも超知能を開発し活用する人間の問題であって、超知能そのものが人類を害するわけではありません。

5章

見えてきた超知能のカタチ

――現実的な最短ルートとは

現在、さまざまな国や企業が人工知能開発を加速しています。いずれ人類の知能を超えた超知能が生まれるでしょう。しかし、そのような超知能がどんなものになるのかについては、いくつかの見方、考え方があります。ここでは考えられる超知能の種類と、それに至る道筋について検討してみましょう。

機械を発展させるか、人間を増強するか

超知能を実現する方法には、大きく3つの道が考えられます。

1つ目が、1章でとりあげた映画『ルーシー』のように、生身の人間の知能を増強する「超人間」です。しかし、薬品や電気ショックによる増強には限界があります。遺伝子操作もさまざまな理由から、現実的ではありません。したがって、これはさしあたって無視していいでしょう。

2つ目は、コンピュータ、すなわち、機械を発展させる「機械超知能」という方向性です。1章で紹介した映画の例でいえば、ターミネーターを操作する人工知能スカイネット、あれが機械超知能です。

3つ目が、機械によって人間の頭脳を増強する「知能増強」です。1章でとりあげた事例では、『攻殻機動隊』で描かれている「電脳化」にあたります。

電脳化もある意味では、すでに行なわれています。たとえば、グーグルで検索するという行為も広い意味での電脳化です。ただ、検索を行なうインターフェースが、まだ人間と密接につながっていないだけです。現在、私たちはスマートフォンを使って検索しますが、近い将来には、コンタクトレンズと一体化した通信機器を使うようになるかもしれません。さらに未来になると、脳内にインプラント型の通信機器を埋め込むことも十分考えられます。このようにして人間の知能を増強することは、知能増強あるいはインテリジェンス・アンプリフィケーション（ＩＡ）と呼ばれます。

この3つの方法の中で、最後の知能増強の道が、もっとも実現への障壁が少ないのではないかと私は考えます。

4章でふれたように、超知能が人間に敵意をもって人間を滅ぼすという危惧を抱く人たちがいます。これは機械超知能を前提としています。機械超知能はひじょうに合理的だけれども、ヒューマンバリュー、すなわち人間の価値観をもっていないから、とんでもないことをするという主張です。たとえば映画『2001年宇宙の旅』に出てきた人工知能、HAL9000はその典型といえるでしょう。

では、人間の価値観や常識をもちえない超知能の能力を、円滑に利用するにはどうすればいいのでしょうか。

一番簡単な方法は、人間的な部分は人間がやるという形態でしょう。人間の得意なところと機械が得意なところを合体させれば、実際に有用ですし、技術的にもより簡単です。先ほど挙げた方法の3番目、人間をベースにしながら、理性的な部分だけを増強するという知能増強が、これにあたります。人間と密接にやりとりできるインターフェースさえ開発できれば、知能増強は超知能実現のもっとも現実的な方法といえるでしょう。

人間の非合理性は機械超知能を受けつけない

また、人間は自分が知らないものを恐れるという性質をもっています。1章でとりあげた映画『トランセンデンス』にもそんなセリフが登場しましたね。もし、意識をもつ強い機械超知能ができたとしたら、それは人類にとってまったく未知のものですから、人間は当然恐れるに違いありません。一方、知能増強の場合は、「頭がすごくよくなった人間だ」と理解できますから、人々はそんなに脅威を感じないでしょう。本当は脅威になるかもしれないのですが、人間はたいへん非合理的なのです。

人間の非合理性はこんな事例にも表れています。たとえば、自動運転車と人間が運転する従来の自動車を比べた時、自動運転のほうが交通事故をおこす確率が小さいことはすでに実証されています。グーグルはもう6年以上、自動運転の実験を続けており、事故の94％はヒューマンエラーだというデータが得られています。

ところが、もし、あなたの車に自動運転車がぶつかってきたら、おそらく納得しないのではないでしょうか。相手が人間の場合は、重大な過失のあった際、刑務所に入れることができますが、機械を刑務所に入れることはできません。人間は相手を罰することができないと、納得できないものなのです。スイッチを切ったからといって、納得はしないでしょう。

これを超知能に置き換えれば、知能増強した人間に傷つけられても相応の罰を与えることができれば納得できるけど、機械超知能に傷つけられたら納得できないということになります。このような人間の非合理性からも、機械超知能より知能増強のほうが有望と考えられるのです。

汎用人工知能でなければ意味がない

では、どのような人工知能で知能増強するのがよいのでしょうか？

人工知能を、用途の広さで分類すると、専用人工知能（特化型人工知能）と汎用人工知能に分かれます。

専用人工知能とは、その言葉のとおり、特定の用途に特化した人工知能です。たとえば、チェスマシンはチェスだけ、将棋マシンは将棋だけができるといったように、今、世の中で使われている人工知能はすべて専用人工知能といっていいでしょう。ＩＢＭのワトソンはさまざまなことに挑戦していますが、それでもクイズや料理、医療といった特定の分野にしか使われていませんから、やはり専用人工知能です。

一方、今、日本をはじめとする世界中の多くの研究者・技術者が開発に取り組んでいるのが、汎用人工知能です。汎用人工知能とは、専用人工知能に対比する言葉で、いろんなことができる人工知能という意味です。

特定の仕事だけを考えるなら、普通は専用人工知能のほうが効率がよく、仕事を速くこなせます。特定の仕事に特化しているため、その仕事にとって不要な処理を行なわないので速く処理できるのです。コンピュータにも、専用コンピュータと汎用コンピュータがあります。たとえば、重力計算専用のコンピュータ、画像処理専用のコンピュータなど、ある目的に特化した専用コンピュータは珍しいものではありません。しかし、そのような専用機は、たしかに最初は速いのですが、汎用機が発達するといずれ負ける宿命にあります。

昔は日本語ワープロが普及していましたが、今はすべて汎用のPCに置き換わっています。かつては専用ワープロのほうがPCより処理速度が速かったのですが、PCの処理速度が時代とともに速くなり、専用ワープロの出る幕がなくなったのです。これと同じことが、あらゆる「専用対汎用」の戦いの結末としておこるでしょう。

人工知能で言えば、たとえば、特定の画像解析に特化したディープラーニングは、現在はそれなりに好成績を収め、他の手法より優れているという評価を得ています。しかし、いずれ汎用人工知能ができれば、専用人工知能の出る幕はなくなるかもしれません。その意味でも汎用人工知能の開発は重要なのです。

人工知能に意識は必要か

では、その汎用人工知能に意識は必要でしょうか？　人工知能が意識をもつかもたないかは、しばしば注目を集める問題です。

意識をもつ人工知能は「強い人工知能」、意識をもたないものは「弱い人工知能」と呼ばれます。これらは哲学の用語です。意識をもつかどうかという視点は、哲学においてはひじょうに重要なことです。

もともと「人工知能」という言葉は、人間のような知能という意味を含んでいます。つまり本来の人工知能は、「強い人工知能」なのです。しかし、強い人工知能はまだ実現していません。その意味では、まだ人工知能は存在しません。一方で、世間ではエキスパートシステムや検索エンジンなども広い意味では人工知能と呼ばれているので、今、世の中にある、つまり意識のない人工知能を「弱い人工知能」と呼び、一方、人間のような意識をもった人工知能を「強い人工知能」と呼ぼう、ということです。

ただし、意識をもつ／もたないは、あくまでも哲学的な観点です。より実際的な観点に立てば、科学研究などの知的活動に利用するうえで、人工知能に意識が必要とは考えられません。

人工知能が意識をもつと、むしろいろいろと具合が悪いことが出てきます。人工知能脅威論というのは、まさに人工知能が意識をもつことを前提にしています。人工知能が意識をもつとは、悪意ももつかもしれない、ということですから。

また、人工知能に意識をもたせるにはどうすればいいのか、現在のところは見当もついていません。技術的に極めて難しいことなのです。「それならば、当面は意識の問題はおいておきましょう」というのが、現実的な立場だと言えるでしょう。

ここで強調しておきたいのは、いろんなことができる「汎用人工知能」と、意識をもつ「強い人工知能」とは必ずしも一致しないということです。私が現実的だと考える開発の方向性は、汎用で弱い人工知能、すなわち、なんでもできるけれど意識をもたない人工知能です。強力な計算能力やデータ分析能力をもちながら、人間の言うとおりに動いてくれる超知能が理想ではないでしょうか。極めて強力なSiriをイメージするといいでしょう。そのような「弱い汎用人工知能」をつくって人間を増強するのが一番安全ですし、もっとも容易な道だと考えています。意識、意図、感情といった側面は、人間が担えばいいのです。

ただし、安全だといえるのは、知能増強された人間の倫理を信用できれば、という条件付きです。言うまでもなく、人間には良い人間だけでなく、悪い人間もいます。もし悪人の知能を増強すれば、猛烈に頭のいい悪人ができてしまいます。

もっとも、汎用人工知能を搭載したロボットを開発するのであれば、ある程度の自律性は必要になります。自律性とは「自分で考え、判断して動く」ということです。

自律性のないロボットは、あらゆる動作を人間が操縦しなければならないので、あまり役立ちません。掃除ロボット「ルンバ」もある程度の自律性を備えています。福島第一原子力発電所の事故後、いくつかのロボットを投入しましたが、あまりうまくいかなかったのは自律性がなかったからです。進路に溝があったり、思いがけない障害物があったりする環境では、自分で判断して動いてくれないと効率が悪すぎて使い物にならないのです。

自律性をもったロボットが人類の脅威とならないためにはどうすればいいのか。これは産業技術総合研究所の一杉裕志さんの意見ですが、想定外のことは必ずおこると考えて、ロボットに必要以上の能力をもたせないという防止策があります。馬力は必要最低限にするとか、オートアップデート機能はもたせないといったことです。そして、いざとなったら人間がロボットを止められるようにしておくというわけです。

大脳の機能だけを模倣

さて、「弱い汎用人工知能」を実現するうえで、最大の難関はソフトウェア、すなわちマスター・アルゴリズムの開発です。3章で紹介したように、この開発をめざして、世界中でさまざまな取り組みが進められています。その中には、人間の脳のしくみからなんらかのヒントを得ようとしているプロジェクトがあることも、すでに述べてきたとおりです。

たとえば、日本の全脳アーキテクチャ勉強会、全脳アーキテクチャ・イニシアティブでは、脳のすべての器官がターゲットです。大脳はもちろん、小脳や海馬、基底核、扁桃核など、すべてを機械学習器とみなすことができると考え、それらすべての機能をソフトウェアで実現することをめざしています。そして、それらを組み合わせれば、意識や感情も含めて人間の脳と同等の機能をもつ汎用人工知能ができるだろう、と考えているのです。

全脳アーキテクチャのアプローチもひとつの考え方ですが、当面のところ、脳のすべての機能ではなく、大脳を基本とした人工知能をめざすのが現実的ではないでしょうか。人間の脳の7割は大脳が占めています。滑らかな運動を司る小脳は、人間のようなロボットをつくるのなら必要です。ロボットに感情をもたせようと思ったら、扁桃核が必要です。

しかし、私は人工知能開発の意義は、科学研究を推進し、国力を向上させることにあると考えています。この目的での超知能には、大脳新皮質が担う知的能力だけで必要十分でしょう。細かいことをいえば、エピソード記憶を扱うには海馬が必要だとか、情報を中継するには視床が必要だといったことはあるかもしれませんが、基本的には大脳新皮質だけでいいのではないかと思います。

マスター・アルゴリズムとして、今のところ私が有望だと考えているのは、今、流行りのディープラーニングではなく、3章でもとりあげたHTM-CLAなどの広義のHTM理論、あるいは、それを拡張したものです。この理論には否定的な意見も多く、日本でも認めない人がいるのは事実です。しかし、大脳新皮質に特化したアプローチであるという点で、全脳を対象にするよりも実現性も有用性も高いと、私は評価しています。

侵襲式か、非侵襲式か

このようにして開発した人工知能を「人工新皮質」と呼びましょう。その人工新皮質をクラウド上に置き、インターネットを通じて常時接続できるようになれば、知能増強の完成です。この人工新皮質の能力が、人間の能力をはるかに超える場合、この人間・機械系を超知能と呼んでいいのではないでしょうか。つまり機械が主体ではなく、あくまで人間が主体の超知能の実現です。

次に、人間と機械の接続方法を検討してみましょう。大きく分けて侵襲式と非侵襲式の2通りの方法が考えられます。

侵襲式とは、体内に埋め込んだりして、なんらかの形で人体に影響する機械です。侵襲式の問題としては、まず、人体への安全性や健康への影響などの面で、技術的な要求レベルがひじょうに高く、実現が難しいことが挙げられます。さらに、脳に機器を埋め込むことには、心理的抵抗もあるでしょう。病気治療以外の目的で、脳に穴を開けて機器を挿入するのには、法的な問題もあります。このため、侵襲式の機械はなかなか普及しにくいと予想されます。

一方で、人体を傷つけない器具は非侵襲式と呼ばれます。現在、流行しているウェアラブル機器も非侵襲式です。私は、非侵襲式のウェアラブル機器を使って、クラウド上の超知能とつながるような形が現実的だと考えています。

余談ですが、ウェアラブル機器といえば、神戸大学教授の塚本昌彦さんが有名です。塚本さんは2001年からウェアラブル機器を1日中装着して生活していて、「ウェアラブルの伝道師」と呼ばれています。私は、講演会などで、知能増強した未来人のイメージを伝える時には、いつも塚本さんの写真を見せています。

超知能とつながるためのウェアラブル機器としては、現在ならグーグルグラスのようなメガネ型が有力ですが、外見上はあまりスマートとは言えません。将来はさらに小型化が進んで、コンタクトレンズ型が実現されるでしょう。こうするとウェアラブル機器を装着していることが、外からはわからなくて、スマートです。

ただし、ウェアラブル機器がつながる超知能がクラウド上にあると、ネット接続が切れた時、人間が急に〝バカ〟になってしまいます。地下道に入ったとたんに、急に〝バカ〟になってしまうのでは困りますね。

将来は現在のスーパーコンピュータの能力がスマートフォンに収まるようになるでしょうから、通常の指示はスマートフォンの中でローカルに処理しても足りるでしょう。そして、大きな計算が必要になった時だけ、ネットを介して超知能とつながるハイブリッド方式がよいのではないでしょうか。今だって、スマートウォッチはスマホとブルートゥースでつながり、スマホはインターネットでサーバとつながっています。その延長線上です。

コンピュータに指示を出す方法としては、音声認識が有望ですが、声を出すと、考えていることが周囲にバレてしまって都合のよくないこともあります。そこで、言葉を口から発する寸前までもっていって、ノドの筋肉の動きをセンサーで察知し、超知能に指示を出すという方法が考えられます。このインターフェース機器は、首にバンダナでも巻いて隠せばいいでしょう。

ちなみに私は、普段、音声認識ソフトを愛用していますが、これで日記をつけるのはとても具合が悪いです。今日あったことや考えていることが、すべて家内に筒抜けになるからです。音声認識は人のいないところ、静かなところでやる必要があります。これでは普段に使うものとしては実用的ではありませんね。

もう可能性は見えている

このように、大脳新皮質の機能だけを模倣した人工新皮質をクラウドに置いて、それにウェアラブル機器で接続して人間の知能を増強する。この方法なら、技術的にも可能性が十分に見えているので、実現は比較的簡単でしょう。

しかし、問題はそのような「超知能」を動かすアルゴリズムが、いったいどんなものになるのか、誰にもわかっていないことです。考えてもわからないことは、実際につくって評価するしかありません。

たとえば、先に述べたHTM理論など、有望そうなアルゴリズムを、とにかく早く開発することが重要です。同時に、それに釣り合う高機能な人工知能のハードウェアも開発しておく。そして、そのアルゴリズムをそのハードウェアの上で動かして、大量のデータを投入してみる。その時、いったいなにがおこるのかということを見てみるのです。私は、超知能を実現するには、この方法が一番手っ取り早いと考えています。

これまで述べてきたように、人工知能開発は今、世界中でさまざまな方向性が模索されています。その中でも、前述した「知能増強」のような形態は、実現の可能性もかなり見えてきているといえるでしょう。超知能は、もはやSF的な夢物語ではなく、いつシンギュラリティがおきても不思議ではありません。逆に言えば、日本も人工知能開発を急がなければ、取り残されてしまう恐れがあるのです。

6章

人工知能が21世紀の勝者を決める

――日本再起のラストチャンス

アメリカの企業家イーロン・マスクは、「人工知能は21世紀の核技術である」と発言しています。4章で述べたように、「人工知能が人類の脅威になる」とする彼の意見はナンセンス、ないしは欺瞞だと私は考えていますが、超知能が核技術に相当するというのは、なかなか的を射た指摘だと思います。核技術も超知能も、使いようによって善にも悪にもなりうる諸刃の剣です。そして、どちらも文明に与えるインパクトがとてつもなく大きいからです。

超知能は21世紀の産業革命

これまでの人類の歴史の中で、文明が大きな変貌を遂げた時期がいくつかあります。その最初が農業革命です。

今からほぼ1万年前、氷河期が終わって間氷期になり、気温が上がって、農業生産が始まりました。それまでの狩猟生活では、食べ物を長期間保存することはできませんでしたが、農業によって米や小麦といった穀物をつくるようになると、食料を保存できるようになりました。これは、富を蓄積できるようになったことを意味します。そして、集落ができ、村ができて、最終的に国ができました。これが農業革命です。

農業革命が、現代の国家社会、あるいは人間の集団社会の基本をつくりました。もし農業革命がおきていなかったら、我々はまだ採集生活をしているでしょう。日本で言えば縄文時代です。

次の大きな変革は、今から250年ほど前にイギリスでおこった産業革命です。それまでのエネルギーは、人間や家畜の労働、つまり筋肉の力や、せいぜい風力ぐらいしか使えませんでした。このため、大規模な生産は不可能でした。しかし、蒸気機関が発明されたことで、人間や家畜よりもはるかに強力なエネルギーを安定的に供給できるようになり、大規模生産、大量生産が可能となって、現代社会を支える工業化が急速に進展しました。

我々の住む現代文明社会では、電気、ガス、水道が自由に使えます。いろんな食料品、工業製品、サービスなどが安く手に入ります。病気になると近代的な医療を受けられます。それ以前の社会では、貴族や金持ちしか享受しえなかったモノやサービスを、庶民でも手に入れることができます。それは、この産業革命のおかげです。

今、おこりつつある、コンピュータ、インターネット、ロボット、人工知能などの爆発的な発展は、第2の産業革命ととらえることができます。この革命に乗り遅れたものは、21世紀の発展途上国になるでしょう。

先の産業革命の波に乗った国々がどこかというと、イギリスをはじめとするヨーロッパ諸国、アメリカ、そして、日本もかろうじてこの波に乗ることができました。これらの国々が、20世紀の先進国になったわけです。逆に、産業革命に乗り遅れた国々は発展途上国となってしまいました。たとえば、中国やインドは、それまでは超大国、超先進国であったにもかかわらず、産業革命に乗り遅れたことによって発展途上国になってしまったのです。

そういう過去の歴史を振り返ると、今、おころうとしている第2の産業革命の源である人工知能の開発とその実用化を、ぜひとも日本でも強力に推し進める必要があることがわかります。

しかし現実には、日本の取り組みは世界に遅れています。アメリカのＩＴ企業であるグーグル、フェイスブック、マイクロソフト、ＩＢＭなどが、人工知能開発に投じる年間の予算総額は総計で、約1兆円に届くともいわれています。ＥＵはヒューマン・ブレイン・プロジェクト、アメリカはオバマ大統領がブレイン・イニシアティブを立ち上げて、年間数百億円投資しています。

ひるがえって日本は最近、経済産業省や文部科学省の予算がついたとはいえ、まだまだ及びません。文部科学省が２０１６年度の概算要求に盛り込んだ大型プロジェクトでも、せいぜい年間１００億円程度です。これではさすがに勝ち目がなく、日本の敗北は必至です。政府をはじめ、研究機関や企業も、すぐに行動をおこさなければいけないと、私は強い危機感をもっています。

明《みん》の失敗に学ぶ

時代の潮目を読み誤った例として、かつての中国を振り返ってみましょう。

明の時代に鄭和《ていわ》という海軍の提督がいました。鄭和は第３代皇帝の座についた永楽帝《えいらくてい》の命令を受けて、海外に大艦隊を派遣しました。１４０５年から１４３３年にわたって、ベトナム、インドシナ、バングラデシュ、スリランカ、インド、アラビア、アフリカと、合計7回の大規模な海外派遣を行なっています。その艦隊はひじょうに大規模で、乗員は2万7000人、船は60隻あまりというまさに大艦隊でした。はっきりと検証されていませんが、船の全長も150メートルに及んだといわれています。この遠征は、今ではアポロの月着陸に匹敵する偉業と称えられています。ちなみに、鄭和はアフリカから中国にキリンを持ち帰っています。

しかし、永楽帝が亡くなると、中国は艦隊の海外派遣をやめてしまいます。いわゆる海禁政策を取ったのです。艦隊を海外に派遣しなくなっただけでなく、鄭和の艦隊に関するあらゆる資料も失われました。紛失の経緯は不明ですが、一説によると海外遠征が国家財政を圧迫することを憂慮した当時の官僚が、よかれと思って焼却処分したそうです。

鄭和の艦隊派遣から約100年遅れて、1492年にコロンブスが西インド諸島を〝発見〟し、1498年にヴァスコ・ダ・ガマがインドに到着しました。そして、ヨーロッパ諸国による植民地政策が始まり、最初はスペインとポルトガル、その後はオランダとイギリスが世界の海洋覇権を握ります。

ここで注目したいのは、コロンブスのサンタマリア号は全長35メートル程度で艦隊も3隻しかなかったということです。100年近く前の鄭和の艦隊のほうがはるかに巨大で強力だったのです。ここから、中国が当時、世界最先端の先進国で超大国だったことがうかがえます。

しかし、明の後も含めて指導層が積極策から消極策に転じたために、植民地時代の先進国とはなれず、欧米諸国の跳梁跋扈《ちょうりょうばっこ》を許してしまいました。その後はさらに産業革命によって日本にも追い抜かれてしまいました。

指導層がタイミングよく打つべき手を打たなければ、時代の波に乗り遅れ、国は苦境に追い込まれてしまうのです。

日本を救った〝志士〟たち

では、かつての日本はどうだったのでしょうか。

幕末に4隻の黒船が浦賀にやってきました。そのうちの2隻が蒸気船で、2隻は帆船です。危機感を抱いた薩摩や長州などの志士たちが攘夷を掲げて立ち上がり、今思えば無謀なことですが、海外諸国と実際に戦争をします。薩摩はイギリスと戦って鹿児島を焼かれてしまい、長州は、いわゆる四国連合艦隊、イギリス、フランス、オランダ、アメリカと下関で武力衝突しますが、惨敗してしまいます。ちなみに、下関戦争の時、フランスにとられた大砲は、今でもパリのある場所に飾ってあるそうです。

そのような直接衝突を経て、海外との技術力の差を認識した日本は〝覚醒〟します。それまでの攘夷から開国へと180度方針転換したのです。これを支えたのは将軍や大名や公家などの当時の指導層ではなく、下級武士や下層の役職、いわゆる〝志士〟たちです。薩摩では西郷隆盛や大久保利通、長州では伊藤博文や高杉晋作など、幕府側では勝海舟などが中心となって一大改革を断行し、その後、日本は100年以上にわたって世界の先頭グループを走りました。

当時の指導層の覚醒と〝志士〟たちの奮起が、先進国への道を切り開いたわけです。今、第2の産業革命を前に、同じことが求められているのではないでしょうか。

少子高齢化は凋落の前兆

日本が今、人工知能開発に本腰を入れるべき理由を、別の観点からも見てみましょう。

１５５ページの図は、各国の生産年齢人口の割合の推移を表したものです。生産年齢人口とは、生産に携わることのできる年齢、すなわち15歳以上65歳未満の人の数です。生産年齢人口割合が高いということは、その国の労働力人口の比率が高い、わかりやすくいえば、働く若者から壮年層が多くて、扶養される子どもや年寄りが少ないということです。この図から、日本や諸外国の生産年齢人口がどう推移してきたか、あるいは、これからどうなっていくかを比較して読み取ることができます。

現在の日本経済低迷の原因については、政府の政策の失敗、とくにバブル後の対処の誤りなど、さまざまな意見があります。そうしたミクロなとらえ方も間違いではないかもしれませんが、もっとマクロに見ることも必要です。私は、国レベルの経済の発展や低迷は、生産年齢人口割合で説明できると考えています。

生産年齢人口割合が高いことは、人口ボーナスと呼ばれています。日本が世界トップレベルの人口ボーナスを保持していた1960年代から1990年までは、ちょうど高度経済成長から、それに続く経済の絶頂期に重なります。1980年代、日本は「ジャパン・アズ・ナンバーワン」と呼ばれたように、日本の歴史の中でも未曾有の経済繁栄を謳歌しました。当時は、経済力でアメリカを抜くのではないかとも言われたのです。

1990年代以後、日本の生産年齢人口割合はほぼ一直線を描きながら低下しています。これを人口ボーナスの逆、人口オーナスといいます。これは、日本の「失われた25年」に重なります。

この図の予測では、今後も日本の生産年齢人口割合は下落の一途をたどることを示しています。生産年齢人口割合の減少が衰退の原因であるとするなら、日本経済が将来、さらに衰退することが予見されるわけです。人口統計は、未来予測の中でもかなり確実なものとされています。今後、社会を大きく変えるような発明や発見はおこりうるかもしれませんが、人口はそう簡単に変わるものではないからです。

各国の生産年齢人口割合の推移

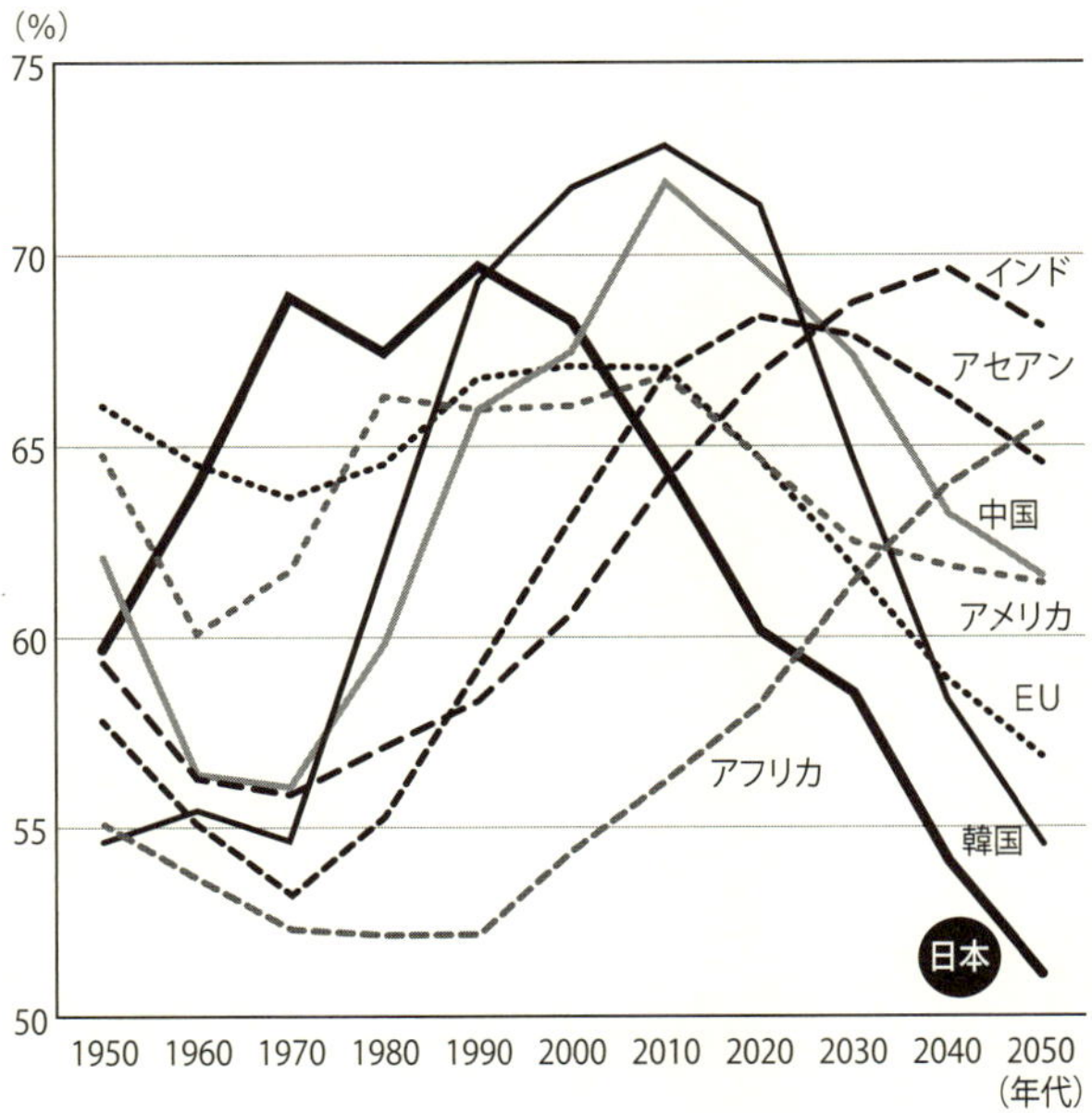

（出典）国際連合 World Population : The 2008 Revision（湯原淳平氏作成）

2045年頃にはインドが経済大国に

他の国の推移も見てみましょう。1990年代に韓国は日本を抜いて世界トップに駆け上がりましたが、やはり、この時期に韓国の経済が躍進しています。さらにこの図を詳細に見ていくと、韓国のピークは2010年代で、その後は下がっていきます。今後は韓国経済の衰退も予想されるのです。

一方、中国の生産年齢人口割合が日本を抜いたのは2000年代です。中国のGDPが日本を抜いたのはその10年後の2010年頃です。中国の場合も、生産年齢人口割合の上昇と好景気は連動していることがわかります。しかし、中国の生産年齢人口割合もまた、2010年代をピークに下降傾向にあります。そして最近、中国も経済の先行きが怪しくなっています。

インドの生産年齢人口割合はこれまでずっと低いままでしたが、少しずつ上昇し、2030年代には世界のトップに立つと予想されています。ここから、2040〜50年頃には、インドが世界経済のトップに君臨すると予測できます。シンギュラリティがおこるとされる2045年前後には、インドが経済大国になっているかもしれません。アセアン諸国も、日本を追い抜いていることでしょう。

ところで、アメリカは他の国と違って、あまり変化がありません。これは移民政策の影響です。EUも2010年代以降、低下傾向ですが、日本よりは上で、これもやはり移民政策によるものです。

最後に、アフリカですが、アフリカが今まで著しい発展を遂げなかったのも、やはり、生産年齢人口割合が低かったためです。アフリカは子どもが多いので国民は若いのではないかと思われるかも知れませんが、伝染病などのために若くして亡くなる人も多く、平均寿命が短いのです。しかし、2020年代には、アフリカが日本を追い抜くかもしれません。

生産性向上で大逆転

日本の少子高齢化はそう簡単に止められませんから、生産年齢人口割合の下降は必至です。先の図を見るかぎり、世界でも最低レベルの国になってしまいます。私の予想では、現状のままでは日本経済はゆっくりと衰退し、10年後か20年後に急激な破局を迎え、最貧国にハードランディングするでしょう。

このことを日本の識者やメディアはもっと認識すべきだと私は思います。今の日本には、これからは金持ちになる必要はない、出世する必要はない、そこそこの暮らしができればいいだろうといった風潮があります。なにか気概のなさを称えることが正義みたいです。しかし、このままでは「そこそこ」も維持できない事態が目前に迫っているのです。

では、日本の経済的な凋落はもう防ぎようがないのでしょうか?

経済力を決める要素には、生産年齢人口割合以外にもうひとつあります。経済力とは、簡単にいえば生産力のことです。そして、生産力は生産年齢人口と生産性の掛け算です。つまり生産性を向上できれば大逆転が図れます。この生産性の抜本的な改善の切り札が、超知能の実現なのです。

昨今、日本では安全保障が大きな議論になっていますが、日本の将来を考えるなら、いわゆる軍備ではなく、人工知能開発のほうが重要だと思います。どれだけ軍事力を強くしたところで、その国の経済力が弱ければ意味がありません。軍事力を支えるのも結局は経済力です。経済力を伸ばすうえで、今、大躍進の可能性を秘めているのが人工知能開発の分野なのです。

平和主義国家だからこそ

人工知能開発の目標は、人類の能力を超える超知能の実現にあります。これを日本が成し遂げることの意義は、ひとえに日本経済の繁栄のためだけではありません。グローバルな視点からも大きな意味があります。それは、日本が平和主義国家だからです。

今、人工知能開発のトップを走っているのはアメリカです。そして、中国は果敢にその後を追っています。これらの国が超知能開発に成功したら、軍事利用が当然考えられます。

すでに述べたとおり、私は人工知能脅威論はナンセンスだと考えています。しかし、それを使う人間の悪意によって、超知能が人類にとって危険な存在になることは十分ありえます。はっきりといえば、米軍の人工知能の軍事利用がもっとも危険だと考えています。アメリカの国防総省から見れば、国家安全保障は正義です。しかし、その正義を盾に、人工知能を軍事活用するとしたら、他国にとってはひじょうな脅威となるわけです。

その点、日本は幸か不幸か平和主義国家です。日本人だって過去に戦争を何度もしているわけですから、本質的に平和愛好家かというと、そんなことはないでしょう。平和憲法をいわば「押しつけられた」ことによって、戦後の日本は世界でも例外的な平和主義国家になったのです。だからこそ、日本が世界に先駆けて平和的利用に特化した超知能をつくり、超知能の軍事利用に歯止めをかけるべきなのです。

2番手では意味がない

もうひとつ強調しておきたいことがあります。超知能の開発のメリットを得られるのは、それを世界で最初に開発した者だけだということです。超知能開発は「2位じゃダメ」なのです。

超知能を最初に開発した者は、それを使って超知能の能力をますます高めていくことができます。そうなると、2番手がいくらあがいてもキャッチアップできません。さらに、その超知能を駆使すれば、ありとあらゆる産業でトップに立てるでしょう。世界中の全産業を独占しうるモンスターが誕生するわけです。

その開発者が民間企業なら、まだましです。4章でも述べたように、「一家に1台超知能」の時代が訪れ、世界中の人たちが〝そこそこ〟の超知能なら利用することができるでしょう。

しかし、もしアメリカ国防総省などが、軍事技術として超知能を開発した場合は、一般の人たちはまったくその恩恵に浴することができません。軍事技術が他の国に公開されることはありえないからです。

超知能を開発した国は、間違いなく世界でもっとも力をもつモンスター国家になります。たとえば、現在使われている暗号を解読することなど簡単です。通信を盗聴して機密情報を盗み出すことも、核弾頭や無人攻撃機、その他の破壊兵器を制御するコンピュータに侵入することも、お茶の子さいさいです。武器だけでなく、交通・管制システムや電力網、水処理装置といった社会インフラも自由にコントロールできるでしょう。しかし、超知能の技術を公開すれば、こうした圧倒的な優位性は失われます。そんな国があろうはずもありません。

この意味でも、平和主義国家である日本が、世界に先駆けて超知能を開発するのが望ましいのです。

民間企業にしても国家にしても、そんなモンスターを生んでしまうのなら、現在、化学兵器や核兵器などで行なわれているように、国家間で話しあって、人工知能や超知能の開発を禁止すればいいじゃないか、と考える人もいるかもしれません。

しかし、これは不可能でしょう。なぜなら、超知能の開発によって得られる利益は莫大だからです。たとえ表向きは開発の中止に同意しても、どこかの国や企業、あるいは、テロ集団、個人の研究チームなどが開発を続けるでしょう。そのような可能性があるなら、他の国や企業も、超知能開発をやめるわけにはいきません。それどころか、他を出し抜くべく、超知能開発をさらに強力に推し進めるでしょう。

超知能開発競争は、最初に開発した者のみが勝者で、2位以下はすべて敗者になるという、「勝者総取り」の過酷な競争です。ここでは、1位をめざすしか選択肢がないのです。

そして、その競争はもう始まっています。

切り札はNSPU

このような状況のもと、日本が人工知能開発における現状の遅れを挽回し、世界に先駆けて超知能を開発し、人工知能開発の勝者になるためには、すなわち21世紀の先進国になるためにはどうすればいいのでしょうか。その起死回生の切り札となるのが、3章でふれ、7章の対談でもご登場いただくペジーコンピューティングの齊藤元章さんが開発に挑んでいるニューロ・シナプティック・プロセッシング・ユニット（NSPU）だと、私は思います。

人間の脳と同等のニューロンとシナプス結合をもったコンピュータを、今から10年以内に実現するという、齊藤さんの野心的な計画が本当に実現すれば、間違いなく世界最先端の技術になります。少なくともハードウェアの面では、現在、人工知能開発ではるか先を行くアメリカを、一挙に追い抜ける可能性もあるのです。

しかし、問題はありません。たとえ世界最先端のハードウェアができたとしても、その上で動くソフトウェアがなければ、役に立ちません。

NSPUが2025年までに完成すると想定して、今から、その上で動く人工知能アルゴリズムを開発し、世界に先駆けて完成させること。これが、日本にとって起死回生のラストチャンスです。人工知能開発で先行する海外諸国に圧倒的に差をつけられている現状を〝ちゃぶ台返し〟するためには、齊藤さんが開発しようとしているNSPUに賭けるしかないと私は思います。

立ち上がれ、〝現代の志士〟たち

では、そのためには、どのように研究を進めるのがよいのでしょうか？

日本が先進国への道を切り開いた幕末の状況と、今を比較してみましょう。

当時の将軍や大名、公家にあたる、現在の日本の指導層といえば、政治家や官僚、大企業家、メディア関係者でしょう。これら現代の指導層が、超知能の重要性を認識して覚醒することが重要だと私は思います。

しかし、実際にカギを握るのは指導層ではなく、幕末の頃の志士に相当する人たちです。今すぐにでも、超知能を開発する〝現代の志士〟が必要なのです。幕末の志士に必要だったのは、剣術と蘭学でした。現代の志士とは、数学とコンピュータ、英語ができる〝プチ天才〟です。

私は、そのようなプチ天才を10〜30人集め、超知能開発に特化した少数精鋭チームを今すぐにでもつくるべきだと考えています。

スカンクワークス型の15年プロジェクト

理想とするのは、いわゆるスカンクワークス型の研究組織です。

スカンクワークスとは、ロッキード・マーチンというアメリカの航空機製造会社にある、少数精鋭の秘密研究所です。ここでは、ステルス攻撃機などの数々の画期的な開発を短期間で実現しています。

また、ペジーコンピューティングの齊藤元章さんも、10〜20人程度のスカンクワークス型の会社3つでスパコン開発を成し遂げたそうです。

大企業は、たくさんの優秀な科学者や技術者を擁していても、動きが鈍く、官僚的・保守的になりがちです。民主的に意思決定をしようとすれば、会議、会議の連続となります。そのため、大企業からは革新的なイノベーションが出にくいのかもしれません。アップルも大企業ですが、スティーブ・ジョブズのカリスマによる独裁的な采配がうまくいったのでしょう。

それに対して、小さな組織はよく言えば身軽、悪く言えば朝令暮改が可能です。人工知能開発のような最先端の分野では、稟議に要する1分1秒の遅れも命取りになるのです。

開発期間は、約15年間が妥当でしょう。

なぜなら、世界の有望な開発チームが、２０２９年頃を目標に据えて、プロジェクトを走らせているからです。アメリカで汎用人工知能開発を手掛けるヴァイカリアスは、２０２８年までは成果を公表しないステルスモードで研究を続けると言っています。イギリスのディープマインド（グーグルに買収されたが、会社自体はロンドンにある）も２０２８年が汎用人工知能完成の目処だと言っています。また、４章で述べたように、カーツワイルは2029年に「1人の人間に相当する強い汎用人工知能ができる」、すなわちプレ・シンギュラリティがおこると予想しています。

〝プチ天才〟1人を抱えるのにかかる費用が、家賃や関連スタッフの人件費などすべて込みで年間約3000万円と仮定すると、15年間で4億5000万円になります。余裕をみて5億円としても、15年間の総予算は10人体制なら約50億円、30人体制でも150億円程度です。ちなみに、F35戦闘機は1機170億円超といわれていますから、その1機分にも及びません。戦闘機1機分弱の予算を人工知能開発に振り向けるだけで、日本の未来は大きく拓けるはずです。

7章

ものづくり大国・日本だからできる

――特別対談＝ペジーコンピューティングCEO 齊藤元章さん

日本の人工知能開発において、カギとなる技術のひとつが、ニューロ・シナプティック・プロセッシング・ユニット（NSPU）であると私はにらんでいます。日本が世界に先駆けて超知能を実現できるかどうかは、この開発にかかっていると言っても過言ではありません。

そこで、その開発者の齊藤元章さんに、NSPUとはどんなものなのか、これからどんなことをめざそうとされているのかを、うかがってみました。

東大病院の医師から起業家へ

松田　齊藤さんは現在、ベンチャー企業ペジーコンピューティング(PEZY Computing)のCEOとして注目されていますが、もともとはお医者さんだったそうですね。

齊藤　はい、新潟大医学部を卒業後、東京大学の放射線科で研修医として2年と、博士課程を過ごしました。博士課程での専攻は核医学です。これは、ガンなどの検査に用いるPETやSPECTといった核医学検査を扱う分野です。

研修医時代に研究した新しい診断装置を開発するために、26歳で博士課程に入った時に、まず私ひとりだけの有限会社をつくりました。そしてしばらくは、博士課程と臨床医、会社という「三足のわらじ」をはいていたんです。でも2年ほどで両立はとても無理だとわかり、休学して、本格的な研究開発の法人を立ち上げました。

松田　転身されたきっかけはなんですか？

齊藤　医師はやりがいがあって、素晴らしい職業です。しかし、自分が医師になっても、自分でなければ助けられない患者さんは、おそらく年に数名でしょう。毎年6000人が医師の国家試験に受かって、現在、日本には約30万人の医師が働いています。私がやらなくても、他の優秀な医師が診断や治療をして救ってくれます。

たまたま私には、電子工学分野の多少のバックグラウンドがあり、放射線科で使用されている診断装置などの内部をこっそり開けてみて、興味をもっていろいろと調べたりしていました。そんなふうに医療機器に興味をもっている医師はそう多くはいないのではないかと。そうであれば、医療の専門知識と工学のバックグラウンドを活かせる道のほうが自分にはいいかもしれない、と思ったんです。

新しい診断装置を開発したり、今までにない診断手法を生み出したりできれば、数名を助けるレベルではなくて、これまで救えなかった数万人、数百万人の患者を助けられるかもしれない。そのほうが自分にはやりがいがあると思われました。

松田 ずっと医学部で勉強してきたのに、なぜ工学的な知識をもっていたのですか?

齊藤 それは父親からの影響が大きいです。父親は新潟大学で工学部長などを務めた研究者で、自宅はガジェットの山でした。月面で電波を反射させて通信するような高出力の無線通信機などもありました。

幼い頃から父親に工作キットやハンダゴテを与えられて、ラジオをつくったり、無線機をつくったりして遊んでいました。9歳でアマチュア無線技士の資格もとっています。そういうことがあって、もともとハードウェアにはすごく親近感があったというか、物心ついた時から抵抗感がまったくなかったことが幸いしたのだと思います。

松田 最初につくられた会社ではなにを開発されていたのですか?

齊藤 画像処理のシステムです。X線断層診断装置、いわゆるCT(Computed

Tomography）では、人間の体を輪切りにした画像が得られます。この画像をたくさん積み上げて、3次元の画像をつくるのです。今なら簡単に3次元画像をつくれますが、当時は難しかったのです。

また、心臓や肺などの臓器は常に動いているので、時間軸の情報も入れて画像を4次元化したいという発想があって、拍動する心臓や、呼吸によって大きく体積と形状が変化する肺の4次元の可視化を世界で初めてやりました。1995年頃のことです。

松田　当時、そういうソフトウェアはなかったんですね。

齊藤　はい。研修医の2年目に、基礎的な研究を北米放射線学会で発表したのですが、世界初の成果でしたので、けっこう注目されました。そういう経緯があったので、研修医の後、臨床業務以外に多少の研究時間が確保できる博士課程に進ませてもらいました。

シリコンバレーでの成功

松田　会社はうまくいったのですか？

齊藤　とりあえず、前に進むことはできました。まずソフトウェアの会社をつくりましたが、ソフトウェアでできることには限界があるとわかったので、1年ほどしてハードウェアの会社を別につくりました。ハードウェアを開発するとなると億単位の資金が必要なので、資本の調達も経験しました。

しかし結局、汎用のハードウェアを使っているかぎりは、大手メーカーと差別化できません。少し新しいことをやっても、すぐ真似をされて、キャッチアップされることは目に見えています。それで、ハードウェアのとくに心臓部であるプロセッサのレベルから開発しないとダメだと、思い至ったのです。

同時に、日本で開発していても、国内の大手メーカーはなかなか採用してくれないことがわかってきました。今ではかなり風向きは変わっていますが、当時、ベンチャー企業はまったく評価されない雰囲気があり、中でも医療分野はとくに保守的でした。

そんな悔しい思いをしているところに、「お前みたいな奴はシリコンバレーに来たほうがいいぞ」と誘ってくれる人と出会ったんです。シリコンバレーでは当時から、医療ベンチャーでも、大手企業に技術を採用されたり、大手企業と提携を結んだりするのが珍しくありませんでした。そこで、シリコンバレーに飛び込みました。

松田　シリコンバレーではどんな会社をつくられたのですか？

齊藤　医療系の画像処理・診断・解析システムを開発する会社です。今は３００人ぐらいの規模になっていますが、12年ほどＣＥＯをやってやめました。

松田　なぜやめたのですか。

齊藤　だんだん会社が大きくなって、外部の株主も増えてくると、やりたい開発ができなくなってきたのです。

プロセッサ開発はひじょうに競争のスピードが速いため、半年も時間をあけると、２度とキャッチアップできません。しかし、会社全体のビジネスを考えれば、

「お金がかかってすぐに利益が出ない開発は、今年は棚上げしましょう」という判断になってしまうのです。こういう姿勢では他社に太刀打ちできません。

それで、医療開発からは離れて、プロセッサ開発だけに集中しようと、２０１２年に日本に帰ってきました。その少し前、２０１０年に受け皿としてプロセッサ開発の会社を日本につくっていたんです。

東日本大震災を機に帰国

松田　ご帰国は、東日本大震災もきっかけだったとお聞きしましたが。

齊藤　はい。２０１１年3月11日、私はサンフランシスコにいました。日本では報道規制があったようですが、アメリカではどのチャンネルを回しても震災の生々しい映像が昼夜を通して流れていました。しばらくして、原子力発電所の問題もおきて、日本は大丈夫なのかと、心配で居ても立ってもいられなくなりました。

じつは２００４年の故郷の中越大地震の時も、私はアメリカにいてなにもできませんでした。今回はさらに大きな被害がおきて、もしこのまま日本がどうにかなってしまったら、私が12年間アメリカで好き勝手やらせてもらった、その恩をまったく返せない。これは悔やんでも悔やみきれないので、日本のためになにかしなければと思って、なにができるかわからなかったのですが、とにかく日本に拠点を戻す決断をしました。

松田　そうして、ペジー・プロセッサの開発を始めたのですね。

齊藤　はい、そうです。２０１２年の７月に完成した最初の５１２コアのプロセッサではあまり開発に関与できませんでしたが、２０１４年に完成した１０２４コアのプロセッサではかなり関与しています。（「コア」とはＣＰＵ内で処理を行なう中核回路のこと。コア数が多いほど多数の処理を同時に行なえるため、性能が向上する）

これをつくれたおかげで、理化学研究所の牧野淳一郎先生が全面的に支援してくださることになったのです。牧野先生の考えられていた次世代スーパーコンピュータのプロセッサのイメージに近かったのかもしれません。「できることなら、スーパーコンピュータをつくりなさい」と言われました。私は単細胞で楽観的なので、一挙に舞い上がってしまって、「よし、スーパーコンピュータを開発しよう」と決意したというわけです。

松田　牧野さんもＧＲＡＰＥという、天文分野の専用コンピュータを独自に開発した方ですから、齊藤さんには親近感があったのでしょうね。

齊藤　牧野さんはスーパーコンピュータ業界では知らない人がいない有名人で、私たちからすれば神様のような人です。そういう人に背中を押していただいたのだから、もうこれはつくるしかないと思いました。

　それと、じつは、松田先生の影響もとても大きいのです。ご著書の『２０４５年問題』にめぐりあっていなければ、おそらくスーパーコンピュータにこんなに早い段階で関心をもつことも、私が『エクサスケールの衝撃』（ＰＨＰ研究所、２０１４年）を書くこともなかったと思います。

松田　それはたいへん光栄なことです。『２０４５年問題』を書いてよかったです（笑）。

たった7カ月で世界最高峰のスパコンを完成

松田　開発にはどのくらいの時間がかかったのですか？

齊藤　つくると決めたのが2014年3月末で、同じ年の10月30日に完成しました。

松田　たった7カ月でスーパーコンピュータを完成させたというのはすごいですね。齊藤さんもたいへんだったでしょうが、社員のみなさんはもっとたいへんだったでしょう？

齊藤　社員だけではなく、協力企業や外注した中小企業の方々も本当にたいへんな思いをされたと思います。開発に携わったすべての人に感謝しています。

松田　私が感心するのは、齊藤さんのリーダーシップです。社員がよく逃げずについてきましたね（笑）。

齊藤　ええ、ありがたい話です。結果が出たからよかったのですが、もし失敗していたら、今ごろはみんな離散していたでしょうね（笑）。

松田　しかも、そのスーパーコンピュータは、2014年11月、消費電力あたりの性能を競う世界ランキングであるグリーン500で世界第2位になりました。

齊藤　グリーン500に申請するためには、まず、絶対性能を競うトップ500のランキングに入る必要があります。じつは、トップ500申請の締め切りだった10月30日に、初めて申請ができそうな計算結果が出せたのです。まさにぎりぎりでした。

　その後、グリーン500の締め切りである11月10日まで、ほぼ連日徹夜、泊まり込みでやって、なんとかまずは満足できる計算結果を出しました。

松田　それが、現在、高エネルギー加速器研究機構（KEK）に入っているコンピュータですね。

齊藤　はい。「睡蓮《すいれん》」です。初めてつくったスパコンが動いただけでもすごい、と周りの人は言ってくれました。そのうえ、結果としてグリーン500で世界第2位になることができたのは幸運でした。ただ、開発者としては「とりあえず動かしただけ」というのが実感でした。計算の最適化もできていなかったですし、やり残したことがたくさんあったのです。それで、次は絶対に1位を取ろうと心に決めて、次の申請に向けて開発を続けました。

スパコンを変える新発想の液浸冷却技術

松田　そして、次に開発したのが「青睡蓮《あおすいれん》」と「菖蒲《しょうぶ》」ですね？

齊藤　はい。その2台が第2世代のハードウェアになります。

松田　そして、2015年6月のグリーン500では、1位が菖蒲、2位が青睡蓮、3位が睡蓮と、1位から3位までを独占したわけですね。これは日本のものづくりを勇気づけるたいへんな快挙です。この功績で、2015年の日本イノベーター大賞も受賞されたそうで、おめでとうございます。

齊藤　どうもありがとうございます。

この3台の性能を支える主要な技術のひとつが、新発想の液浸冷却です。ご存じのとおり、コンピュータ開発では冷却技術がとても重要です。コンピュータのプロセッサは発熱が大きく、高温になるとプロセッサが〝熱暴走〟してしまうからです。とくにスーパーコンピュータのような、高速で大型のコンピュータ・システムの開発では、冷却は最大の課題のひとつです。
一般的には空冷や水冷が使われていますが、空冷では冷却効率や騒音が、水冷では構造の複雑さが問題です。そこで高沸点のフッ化炭素系の冷却液を気化させずに開放系で循環させてマザーボードを冷やす、という冷却方法を考案しました。これが私どもの新技術です。
ただ、冷却装置を開発するには、プロセッサ開発とは違ったノウハウが必要ですし、新たな投資も必要です。そこでエクサスケーラー（ExaScaler）という別会社を立ち上げました。そして、最初の液浸実験槽をつくったのですが、小さな筐体でもとてもよく冷却できました。こんなにいいものをなぜ今まで誰もつくらなかったんだろうと、思いました。

松田　たしかに、なぜ今まで誰もつくらなかったんでしょうね？

齊藤　フッ化炭素系冷媒に浸けて冷却する方式は、初めてのものではありません。有名なスーパーコンピュータ「クレイ2」も、30年前に採用しています。
ただ、クレイ2が採用していたのは、開放系ではなく密閉系でした。

フッ化炭素系冷媒は1キロ2万円もする高価な液体なので、一般的には蒸発によって液量が失われないように冷却装置全体を密閉します。すると構造が複雑で大型になるため、装置が高価になってしまいますし、内部の機器のメンテナンスも困難です。さらには、密閉系の冷媒を外部から冷却する2次冷却系が必要になりますが、この効率が悪かったのです。つまり、フッ化炭素系冷媒を用いつつ、密閉構造がいらないような冷却システムを開発できれば、ランニングコストも設備コストも大幅に下げられて、冷却効率を大幅に上げられるはずだと考えました。

そこで蒸発を防ぐために、一番沸点の高い174度沸点のフッ化炭素系冷媒を使うことにして、さらに蒸発量を大幅に抑えることができる20度程度の低温で循環させてみました。

その結果、年間で5％程度の蒸発に抑えることができて、しかも、高い冷却効率が得られたのです。

しかも、密閉系内の冷媒を外部から冷却するための、複雑で大掛かりな2次冷却装置が不要となって、とてもコンパクトなものになりました。

フッ化炭素冷媒による完全開放型の液浸冷却を、スパコンとして実用可能な規模でつくった事例は、今までありませんでした。第2世代ではマザーボードもゼロから開発したので、この方式に特化したものにすることができ、結果的に消費電力効率をとても高くできたのです。

松田 今後の計画としては、京コンピュータの100倍速い、エクサスケール・スーパーコンピュータをつくろうと考えているのですね。

齊藤 そもそも完全開放型の液浸冷却をやろうと思ったのは、エクサスケール・スーパーコンピュータを実現するためです。京コンピュータのように、864台のラックを並べて、6階建の建物を建てて、隣に変電所をつくってというようなことだと、莫大な費用がかかります。開発だけでなく、製造や設置もたいへんです。小さなオフィスの片隅やサーバルームにも設置できるようなスーパーコンピュータをつくるには、完全開放型の液浸冷却しかない、と思ったんです。

次世代のエクサスケール・スーパーコンピュータを実現するのに、もし、現在の京コンピュータを単純にスケールアップした場合、1000メガワット、すなわち原子力発電所の原子炉1基分の電力が必要になります。これは非現実的です。私たちの目標は、2019年までに京コンピュータの2倍の電力、20メガワットで動くエクサスケール・スーパーコンピュータをつくること、しかもそれを京コンピュータの10分の1以下の体積で実現することで、その目処もつきつつあります。

松田　将来のスーパーコンピュータを開発するうえでは、電気代を減らすこと、つまり、消費電力あたりの性能を高くすることが最重要だというわけですね。

齊藤　はい。現在のプロセッサでも、1ワットあたり10ギガフロップスの性能は見えています。これは、豆電球1個を光らせる電力で、1秒間に100億回の計算が行なえる性能です。20メガワットで動くエクサスケール・スーパーコンピュータを実現するには、さらに現在の5倍の能力が必要となります。

小脳機能を搭載したロボットスーツ

松田　ところで、最近、ロボットスーツを開発しているサイバーダイン社とも共同開発

齊藤

を始めましたね。どのようなことをめざしているのですか？

ロボットスーツとは、足腰の弱った方や機能不全となった方が装着して、その動きをアシストするものですが、この制御には人間の脳を利用しています。感覚神経からの信号が脳に伝わって処理され、次に運動神経を通じて脊髄に下りてきます。この信号を検出して、筋肉の代わりにロボットスーツを動かすという原理です。しかし、これでは想定外のことがおきた時、たとえば、なにかにつまずいたり、誰かがぶつかったりした時に、瞬時の反応ができず、転んでしまう場合があります。感覚神経からの信号が、一度脳に伝わって再び運動神経に戻ってきてから検出すると、その間にタイムラグがかなり生じるためです。

　そこで、このプロセスをカットすることが考えられます。ロボットスーツに小脳機能をもつプロセッサを埋め込んで、「転びそうだ」ということを察知したら、それを小脳の代わりにプロセッサで処理して、直接ロボットスーツに指示を出すのです。そうすると0・1秒以下で反応できるので、つまずいた場合などでも転倒を防止できることになります。

松田　ロボットスーツのスマート化ですね。そこにペジー・プロセッサを使うのですか？

齊藤　次世代の組み込み用ペジー・プロセッサです。ロボットスーツの場合、より消費電力を抑えたものを開発したいと考えています。

従来型とは真逆の発想のNSPU

松田　齊藤さんの将来計画の中で、私がもっとも関心をもっているのが、ニューロ・シナプティック・プロセッシング・ユニット（NSPU）と呼ばれる将来のプロセッサ開発計画です。これはいったいどんなものなのでしょうか？

齊藤　私たちが今までやってきたメニーコア・プロセッサ（多数のコアをもったプロセッサ）の開発には、いくつか根本的な問題があります。そのひとつが、コアとコアの間をつなぐ、インターコネクトの数が足りないことです。

インターコネクトが少ないと、たくさんのコアを使って計算しようとした時に、コア間の通信が演算のボトルネックになってしまいます。現在私たちには、1万

6000コアまで増やす計画がありますが、コアは比較的簡単に増やせても、インターコネクトがなかなか増やせません。ワイヤーでつなぐと、インターコネクトのお化けのようになってしまいます。

メニーコアのプロセッサで、どのような方法でインターコネクトを増やせばいいのだろうかと考えていた時に、ちょうど、松田先生が主宰されている「シンギュラリティサロン」（人工知能開発の第一線で活躍する研究者・技術者を講師に迎えた一般向けの講演会。大阪と東京で開催している）でお話しする機会があって、その時、汎用人工知能のことをいろいろと調べさせていただきました。それまでは人工知能といっても、「最近のディープラーニングの進歩はすごいなあ。ペジー・プロセッサ上でも実装しなくては」程度の関心だったのですが、松田先生とお話しするうちに汎用人工知能開発について本格的に考え始めるようになったのです。

そして、もし、人間の脳のようなプロセッサを実現するには、現在のアーキテクチャとは真逆のものをめざすべきではないか、という意識をもつようになりました。

メニーコアのプロセッサで最大規模をめざすと、数千のコアに対して数本のインターコネクトしか設けられません。これに対して、人間の脳では1000億のニューロンに対して100兆のシナプス結合があります。ニューロンはプロセッサでいえばコア、シナプス結合はインターコネクトとみなせます。プロセッサと脳で比較しますと、コアとインターコネクトの比は、「1000対1」と「1対1000」という真逆の比率なのです。つまり、現在のコンピュータ・アーキテクチャのままでは、脳機能を模倣したプラットフォームはつくりようがない、と思いました。

全人類の脳に匹敵する能力を6リットルに収容

松田　なるほど。でも、そのような膨大な要素をもつハードウェアを開発するのは簡単ではないですよね。

齊藤　はい。このハードウェアをいかに小さくつくれるかがカギになります。我々の次世代プロセッサ開発では、慶応大学の黒田忠広教授の研究されてきた磁界結合技術を採用することが決定していました。この技術が、じつはハードウェアを小型化するうえで最適解であることがわかりました。

磁界結合とは、たとえば2つの電子回路の間は、普通なら信号線でつなぐのですが、その代わりにコイルの電磁誘導を使って無線でつなぐ技術です。磁界結合技術と私たちのもつほかの技術とを組み合わせれば、実用化までもっていけると考えました。

松田 私は、NSPUがシンギュラリティを実現するカギだと思っているのですが、どれくらいの能力が実現できそうなのでしょうか。

齊藤 磁界結合のアンテナの直径を2マイクロメートルまで小型にできるとして、これを1つのシナプス結合とみなすと、私たちの試算では、0・8リットルの箱の中に、人間の脳と同等の1000億のニューロンと100兆のシナプスに相当するハードウェアを収められると考えています。

松田 0・8リットルの箱に1H（ヒューマン）、すなわち、人間1人分の脳と同じ性能のハードウェアが収まると。それはすごいですね。

齊藤　クロック周波数（プロセッサの速さの尺度。値が大きいほど同じ時間内により多くの処理をこなせる）の差を考慮すれば、ＮＳＰＵはさらに多くの人間に相当するものになります。

人間の脳がどのくらいのクロック周波数に相当するかについては数ヘルツから数百ヘルツまでばらつきがありますが、脳全体の平均では数ヘルツとみなせます。

一方、コンピュータは数ギガヘルツで駆動可能です。つまり人間の脳と現在のコンピュータは、クロック周波数で10億倍の違いがあります。そして、プロセッサの箱の一辺を2倍にすると、体積は8倍大きくなります。０・８リットル×８＝約6リットルに、10億×８＝およそ80億人の脳が収まるという計算です。世界人口に相当する80億人分の脳が6リットルの箱に収まるというわけですね。

松田　これは本当にすごいことです。

齊藤　ただし、あくまでも全体が均質でよければ、という話です。実際には、人間の脳には大脳以外に小脳や基底核、扁桃核などさまざまな器官や、領野があります。

それらをどうまとめて、接続していくのか、最適化していくのか、という問題は残っています。

松田　とにかく、人間の脳に相当するハードウェアは齊藤さんがなんとかつくってくれると（笑）。残る問題はやはり、脳を働かせている基本的なアルゴリズム、いわゆるマスター・アルゴリズムの発見ですね。

IBMのトゥルーノースの方向性は最適解ではない

齊藤　NSPUには、現在はソフトウェアで扱っている確率変数的な要素も、できれば最終的にハードウェア的に組み込んでいきたいと思います。

松田　ニューラルネットワーク的なものをハードウェア化するということですね。そういうアプローチはIBMのトゥルーノースもとっていますが、違いはなんですか？

齊藤　トゥルーノースは1つのプロセッサに、100万個のニューロン相当のコアと2億5600万個のシナプス結合相当のインターコネクトを備えています。201

5年には、それを48個接続して、ラットの脳に相当する知能を実現したと公表しました。

この延長線上で、人間の脳を実現するためには、1000億のニューロンと100兆のシナプス結合という規模から逆算すると、トゥルーノースを40万個接続しなければならないことになります。

京コンピュータの場合、8万8000個のプロセッサであの6階建のビルが必要ですから、あれを4棟も建てる必要があります。これは非現実的でしょう。

もちろんハードウェアをもっと小型化することはできるでしょうし、IBMは足りないところはクロック数で補おうという考えをもっています。しかし、仮にラットの知能と同等のプロセッサがあるとしても、それを1万倍速くすれば人間と同等になるものではありません。普通の人間が10倍速く考えても、天才的な新しい発想やクリエイティビティは生まれないのと同じです。

ですから、私は愚直に1Hと同じ規模、できればそれを上回る規模のハードウェアをつくることが、「急がば回れ」で、もっとも近道ではないかと考えています。

松田 私も同感です。ラットが100万匹集まっても人間にはなりませんからね。

齊藤 1Hを少し超えるくらいのものをまずつくりたいですね。

スパコン開発を支えたものづくり大国・日本の底力

松田 齊藤さんの挑戦は、私たち日本人に勇気を与えてくれると思っています。今の日本の停滞状況を覆すには、まず気概が必要ですが、みんな気概がなさすぎます。

齊藤 じつは日本には数多くの優位性があります。私は長くアメリカにいて外から日本を見てきたので、それがわかったのですが、ずっと日本にいると、日本のよさがなかなか自覚できないのかもしれません。それが自信のなさにつながっているのではないでしょうか。

松田 日本のよさとは具体的にはなんですか？

齊藤 たとえば、今回、最初のスーパーコンピュータが7カ月、2代目は4カ月で完成できました。もちろん私たちが努力した部分もありますが、ものづくりを担ってくれた協力企業や外注企業の仕事のクオリティの高さと、人間としての素晴らしさに助けられたことも大きいです。彼らの取り組み姿勢は本当に特筆すべきものです。もしシリコンバレーでやっていたら、おそらく3倍の時間、2年半くらいかかったと思います。

松田　7カ月でできたのは、私たちが世界をめざして遮二無二やっている姿を見て、ものづくり企業の方々が、私たちを応援しようと思ってくれたこと、私たちと一緒に徹夜もいとわずに超短納期の要請に対応してくれたことの結果です。シンギュラリティをおこすような技術開発は、ものづくり力の高い日本でこそできる、ということですね。

齊藤　ええ、これは海外では絶対できません。海外のビジネスライクなやり方だと、たとえ動いてくれたとしても、職人的なプライドやこだわりを期待できません。日本の中小企業の人たちは、超短納期であっても品質には絶対に妥協せず、それどころか、私たちの期待をはるかに上回る品質のものをつくってくれました。これだけクオリティの高い仕事を短期間で、妥当なコストでやってくれる国は、日本しかありません。

しかも、ただこちらが言ったことをやるだけではなくて、率先して向こうから提案してくれます。このような関係性で技術開発とものづくりを遂行できるのは、日本以外には考えられません。

残念ながら、最終製品としての半導体の最先端製造プロセスは国内からなくなってしまいましたが、それを支える周辺技術では、日本はまだ世界の最先端にあります。汎用人工知能や次世代スパコン開発になくてはならない要素技術は国内にあるのです。というか、日本にしかありません。海外では探せないのです。

それらの技術を取りまとめられれば、2019年までに20メガワットで1エクサフロップスのスーパーコンピュータを実現することも、1Hのハードウェアを10年以内に実現することも、必ずできると確信しています。

スカンクワークス型チームで世界に挑む

松田　それらのプロジェクトは、どのような体制で進めようとしているのですか。

齊藤　アメリカの航空機製造会社であるロッキード・マーチン社の〝スカンクワークス〟

方式が理想です。階層をなくしたフラットな組織で、「朝令暮改」で臨機応変に方向性を変えられる体制でなければ、最短の道筋で技術開発することはできないと考えています。

さらにいえば、組織の大きさだけではなく、開発するシステムの大きさも小型のほうが開発効率がいいのです。

スカンクワークスの最新の成果は、小型の熱核融合炉です。これはシステム全体でもトレーラーに載るような直径1メートルの熱核融合炉で、5年後には商用化すると言っています。彼らは、小さくつくったから短期間でできたと強調しています。常識的な大きさでは10年かかるものを、1メートルのサイズに小型化して、半年に1回のターンオーバーで開発を回せたので、5年ほどの短期間で実現できたのです。

汎用人工知能も最初は小さくつくったほうが早く開発できるはずです。今回のスーパーコンピュータも、大きなものだったらできていなかったでしょう。これは、スカンクワークスのアプローチと結果的に同じです。

松田　海外でも人工知能開発では、グーグルのような大企業だけでなく、ディープマインドやヌメンタ、ヴァイカリアスなど、たしかに小さな企業に存在感があります。超優秀な頭脳を集めて小さい組織で、というのがカギなんですね。

齊藤　実際、わが社にはとても優秀なエンジニアが揃っています。天才肌ではなく、本当の天才が何人も集まってくれています。私が、この性能でこの大きさ、この期間でやってほしいといえば、かなり無理なことでも必ずやってくれます。彼らのおかげで私は自由な発想ができるのです。

松田　アップルの創始者であるスティーブ・ジョブズとスティーブ・ウォズニアックの関係に似ていますね。ジョブズは発想がすごいが、技術的に実現したのはウォズニアックだと言われています。ただ、ジョブズと違うのは、齊藤さんは傲慢ではなく、極めて腰が低いところですね（笑）。

齊藤　うちの会社では〝最底辺〟が私ですから。エンジニアには最大限の効率を発揮してもらい、集中してもらわないといけないので、雑用などはできるだけ私がやるようにしています。彼らがいなかったら、私は好き勝手なことを妄想できないですから。

　正直なところ、私には社長をやりたいという気持ちはまったくありません。とにかく、新しい研究開発をどんどん進めたい。そのためには、誰かが社長という雑多な役割を務めなければならないですので、私がやらせてもらっているというだけです。

松田　優秀なエンジニアを集めた、小回りのきくスカンクワークス型の少数精鋭部隊で、日本のものづくり技術を活かして、世界最先端のプロセッサを最短で開発する。日本の将来は齊藤さんたちにかかっていると、ますます確信するようになりました。

　齊藤さんに続く〝現代の志士〟が、ますます現れることを、心から願っています。

おわりに

本書で見てきたように、人間の知能をはるかに超える超知能は、そう遠くない未来に実現できるでしょう。超知能とは、現在のコンピュータを高性能にしたものでも、人間の「頭の回転を速くしただけ」のものでもありません。それは「まったく異なる能力をもつ知能」と考えられます。超知能は、現在の機械や人間にはまったく不可能なことを実現できる可能性を秘めているのです。

知能とはビット列をビット列に変換する装置

そもそも知能とはなんでしょうか。さまざまな定義がありますが、私はかなり広い意味にとらえ、「動物が生存するために必要な情報処理能力」と考えています。この意味ではゴキブリにも知能はあると言えるでしょう。私が近づくと、気配を察して逃げるのですから。このような低い程度の知能を機械で実現することさえ、現在はそれほど簡単ではありませんが、今、人々の関心の的となっているのはもっと高度な知能、つまり人間と同じような知能です。

情報処理とは、入力された情報を変換して、出力情報に変えることです。知能も情報処理の一種です。

人間を例にとって考えましょう。人が外界を目で見たり、音を聞いたり、ものを触ったりすると、その情報は目、耳、皮膚の感覚器などを通じて脳に入力されます。感覚器官では、外部の物理的な刺激が電気信号に変換され、神経を通じて脳に伝えられます。それを受けて、人は考え、あるいは考えずに、行動します。行動するということは、端的に言えば筋肉を動かすことです。筋肉を動かすということは、筋肉を動かす指令（モーター・コマンド）を発することです。これも神経を伝わる電気信号です。

どのような思想、アイデア、芸術であっても、それらを表現するためには筋肉を動かす必要があります。字を書く、キーボードを打つ、話をする、絵を描く、歌を歌う、ピアノを弾く、これらすべては筋肉が動かなければ実現できません。

つまり、知能とは感覚器官からの入力情報を、筋肉を動かすという出力情報に変換する情報処理装置だといえます。たとえば、視覚情報は画素ごとの光の色と明るさで表現されます。これは数学的に言えば1つのベクトルで表現できます。同様に、筋肉を動かす指令もベクトルで表現できます。つまり知能とは、ベクトルをベクトルに変換する、非線形関数なのです。その関数がどんなものかを決めることが、人工知能をつくるということです。

神経細胞を伝わる電気信号はアナログです。しかし、それをコンピュータで処理するには、通常はデジタルに変換する必要があります。デジタルの数値は、1か0で表現されるビット列で表現されます。つまり、デジタルコンピュータで実現する知能とは、要するにビット列をビット列に変換する装置とみなすことができます。

超知能の感覚器官

人間は通常、五感と呼ばれる感覚を備えています。視覚、聴覚、触覚、味覚、嗅覚の5つの感覚です。しかしこれらの情報は、生物としての人間の限界によって、制限されています。

たとえば視覚では、人間は電磁波の全スペクトルの中で、可視光というひじょうに狭い範囲のものしか検知できません。赤より波長の長い赤外線、青より波長の短い紫外線は検知できないのです。さらに波長の長い電波や、波長の短いX線、ガンマ線は当然、検知できません。しかし、機械でできた観測装置なら、これらの波長域を簡単に検出できます。

音も同じです。人間は20ヘルツから2万ヘルツ程度の可聴域の音しか聞くことができません。この範囲を超える超音波や低周波は聞こえません。しかし、機械ならこれも感知できます。

さらに言えば、機械は五感の取得範囲を拡大するだけでなく、その他のさまざまな情報も検知できます。たとえば、世界中の気象、株価、衛星画像、ツイッターで話される内容、人々のメール内容、街頭カメラの映像、このような情報を機械でできた超知能に直接入力することができます。

その結果、超知能は、人間では感知できなかった情報をもとにして、人間には見つけることができない、なんらかの「パターン」を認識できるでしょう。これが超知能のひとつの使い方です。いまやビッグデータの世の中です。これからは、さらに多くのものにセンサーがつき、その情報がインターネットを通じてやりとりされる、インターネット・オブ・シングス（ＩｏＴ）の時代が来ます。超知能なら、この情報を直接処理できるのです。世界中に、目、耳、皮膚、舌、鼻を伸ばし、さまざまな情報を直接〝感じる〟ことができる超知能は、もうほとんど神といってもいいほどの圧倒的な存在となるでしょう。

多次元空間を認識する超知能

さらに、驚くべき可能性があります。思考実験をしてみましょう。

この世界は3次元空間、時間も加えても4次元（時空）です。一方、人間の目の網膜は2次元ですから、網膜は、現実の3次元世界にある物体の情報を、2次元の網膜に投影して検知していると考えられます。

人間の大脳新皮質は厚さが約2ミリメートルで、面積が閉じた状態の新聞紙大程度のものです。新皮質には厚さ方向に3次元的な構造もあるのですが、基本的には2次元と考えてよいでしょう。つまり、網膜という2次元面に投影された2次元画像が、新皮質の2次元的広がりに投影されているわけです。その2次元画像は時間的に変化するので、新皮質はその時間的変化も検知しています。

医療画像の中でCT画像、MRI画像、PET画像などは、3次元データを取得します。人間は基本的に2次元しか認識できないので、3次元像を断面にしたり、あるいは半透明にしたものを回転させてみたりして、3次元の情報を2次元に変換して理解しようとします。

しかし、もし4次元人間がいるとすればどうでしょうか。この4次元人間の網膜は3次元の厚みをもち、新皮質も基本的に3次元的に広がっていて、3次元画像を2次元に変換することなくそのまま認識できます。この画像が時間的変化すると、4次元人間には3次元画像の時間変化として検知できます。

さらに5次元人間を想像しましょう。この5次元人間の網膜と新皮質の広がりは4次元です。この5次元人間には、4次元時空内の図形が瞬時にして把握できるのです。つまり、時間の過去と現在を同時に見ることができるのです。いわば神の目ですね。

このような4次元の網膜と新皮質の広がりをコンピュータ上で実現することは、原理的には簡単なことです。問題はその処理には膨大なCPUパワーが必要だということです。しかし、齊藤元章さんがニューロ・シナプティック・プロセッシング・ユニット（NSPU）の開発に成功すれば、それを使った〝齊藤脳コンピュータ〟は人間の脳の数十億倍も速く動作するはずですから、おそらく「4次元網膜」と「4次元に広がった新皮質」も可能になるでしょう。

人間の知的能力の限界は新皮質の面積で決まっています。しかし、人工知能にはその限界はありません。〝齊藤脳コンピュータ〟は、約0・8リットルの大きさに1人の人間のニューロンとシナプスに相当する、コアとインターコネクトを実装できるといいます。それを10倍大きくしたらどうなるでしょうか。1000倍にしたらどうなるでしょうか。人間の知能を超越した4次元、5次元人間の新皮質をつくることもあながち不可能とは言えないでしょう。

意識や感情はもたないが、膨大な情報処理能力をもつ超知能をつくり、それに膨大なデータを入力する。その時、いったいなにが出力されるか、現時点では想像もつきません。しかし、超知能は、現在のコンピュータや人間には到底不可能なことを、きっと実現できるはずです。

将来、超知能が完成し、ここで述べたようなことをこの目で確かめられる日が来るかと思うと、とてもわくわくします。

松田卓也

２０１５年11月

編集協力　保田充彦
校　　正　アンデパンダン
編　　集　川崎優子
DTP制作　三協美術

人類を超えるＡＩは日本から生まれる
2016年１月１日　第１版第１刷

著　者　松田卓也
発行者　後藤高志
発行所　株式会社廣済堂出版
〒104－0061　東京都中央区銀座３−７−６
電話 03-6703-0964（編集） 03-6703-0962（販売）
Fax 03-6703-0963（販売）
振替 00180-0-164137
http://www.kosaido-pub.co.jp

印刷所
製本所　株式会社廣済堂

装　幀　株式会社オリーブグリーン
ロゴデザイン　前川ともみ＋清原一隆（KIYO DESIGN）

ISBN978-4-331-51990-5 C0295